Pia Pedevilla
Anja Ritterhoff

Wir basteln!

Bastelideen für Kinder durchs ganze Jahr

Inhalt

PIA PEDEVILLA lebt in Bruneck (Südtirol). Sie studierte Kunst in Gröden und Werbegrafik in Urbino. Seit Jahren ist sie im Bereich der Illustration und Design tätig. Sie hat mehrere Kollektionen Holz- und Stoffspielzeug sowie didaktische Spiele für Kinder im Grundschulalter entworfen. Sie unterrichtete viele Jahre technisches Werken an der Sekundarschule. Heute leitet sie Fortbildungskurse für Lehrer, interessierte Erwachsene und Kinder. Im frechverlag hat sie mehrere Bücher über verschiedene Arbeitstechniken veröffentlicht. Mehr erfahren Sie unter:

www.piapedevilla.com

ANJA RITTERHOFF wohnt in Lübeck an der Ostsee und ist gelernte Erzieherin. Im Elementarbereich förderte sie besonders die individuelle Kreativität und Fantasie der angehenden Schulkinder.
Sie malt farbenfrohe Gute-Laune-Bilder, die sie je nach Anlass, wie Geburt, Taufe oder Geburtstag etc., mit individuellen Passepartouts gestaltet. Sie leitet Kurse für Kinder in verschiedenen Altersstufen, eröffnete eine Galerie, malt abstrakte Bilder mit Accessoires und präsentiert ihre Bilder in Ausstellungen.
Im frechverlag veröffentlichte sie für unterschiedliche Altersgruppen zu verschiedenen Bastelthemen zahlreiche Bücher. Weitere Infos zur Autorin bekommen Sie unter:

www.ritterhoff.de

Dieses Buch entstand während eines gemeinsamen Arbeitsurlaubes auf Sardinien.

Ein besonderer Dank an Luisa für das Schminken der Kinder. Wir danken auch folgenden Kindern ganz herzlich für die gebastelten Masken auf Seite 18/19: Alyssa, Carolin, Michael, Shanti, Simone und Tashi.

Projekt-Management:
Claudia Mack und Monique Rahner
Gestaltung: Pia Pedevilla
Layout: Elvira Müller
Text: Anja Ritterhoff

Fotos: frechverlag GmbH, 70499 Stuttgart;
Fotostudio Ullrich & Co., Renningen

Auflage:	5.	4.	3.	2.	1.	Letzte Zahlen
Jahr:	2006	2005	2004	2003	2002	maßgebend

Druck: frechdruck GmbH, 70499 Stuttgart
ISBN 3-7724-3058-9 · Best.-Nr. 3058

Basteln macht Spaß!

Wir zeigen dir in diesem Buch unsere schönsten Bastelideen für das ganze Jahr. Du findest tolle Basteleien für Winter und Weihnachten, Frühling und Ostern sowie Sommer und Herbst. Auch Anregungen für ein Geburtstagsfest, Geschenke zu Muttertag, Ideen für die Faschingszeit, den Schulanfang oder Halloween sind mit dabei.
Eine Menge verschiedener Techniken kannst du ausprobieren: Reißen, Kleben, Schneiden, Prickeln, Knüllen, Malen, Drucken, Kneten, mit oder ohne Schablonen arbeiten und vieles mehr.
Wir haben alle Ideen mit leicht erhältlichen Materialien gebastelt. Vieles findest du auch bei dir zu Hause. Du kannst mit diesem Buch deine ersten Bastelerfahrungen machen und es wird dich über eine lange Zeit begleiten, da es ganz einfache und schwierigere Motive enthält.

Uns hat es sehr viel Freude bereitet dieses Buch zu machen und wir hoffen, dass auch du viel Spaß beim Basteln hast.

Liebe Grüße

von

Material und Hilfsmittel

Im Folgenden listen wir die wichtigsten Materialien und Hilfsmittel auf. Genaue Angaben findet ihr bei den jeweiligen Objekten.

- Verschiedene Papiere
- Transparentpapier
- Wellpappe
- Filz, Knöpfe
- Wackelaugen
- Prickelnadel
- Schneidemesser mit Unterlage
- Naturmaterialien
- Pfeifenputzer
- Federn
- Bleistift
- Klebstoff
- Schere
- Filzstifte, Buntstifte
- Stoffmalstifte
- Porzellanmalfarbe

Um die Bastelarbeiten nachzuarbeiten brauchst du verschiedene Sorten Papier:
Krepppapier, Seidenpapier, Tonpapier und Transparentpapier usw. Du kannst sie alle in einem Bastelgeschäft kaufen. Benutze bitte ungiftige Stifte und wasserlöslichen Klebstoff. Für kleine Kinder gibt es auch abgerundete Scheren.
Bei der Verwendung von Schneidemesser oder Heißkleber bitte immer einen Erwachsenen dir zu helfen!

So macht Basteln Spaß

Infos für dich

In diesem Buch haben wir zu jedem Motiv Punkte gesetzt, so kannst du sehen, welche Bastelarbeiten für dein Alter geeignet sind:

●	ab 3 Jahren
●●	ab 5 Jahren
●●●	ab 7 Jahren

Je weniger Punkte ein Motiv hat, desto leichter ist es zu machen.

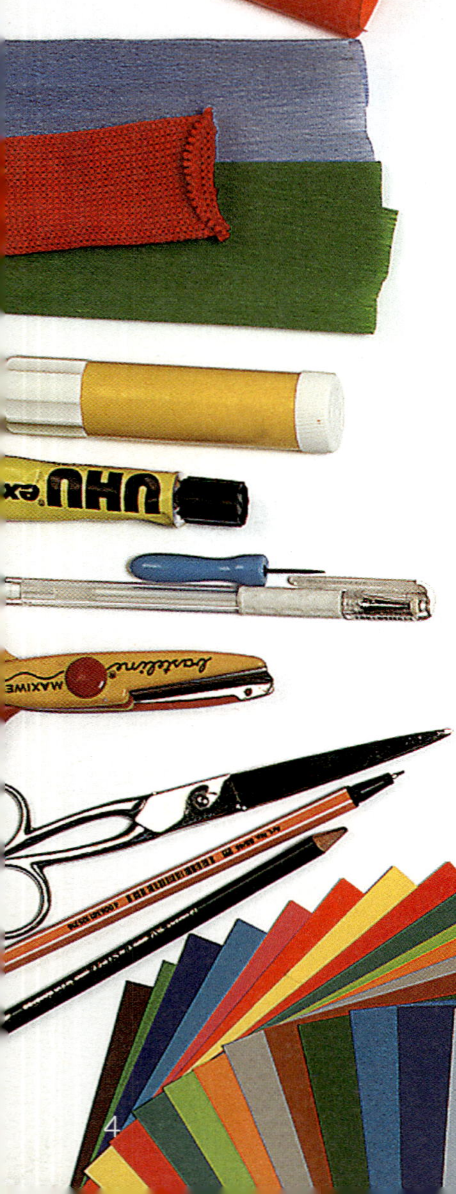

Natürlich ist dies nur ein Leitfaden und du kannst alles je nach deiner Erfahrung basteln, ausprobieren und experimentieren. Zusammen mit deinen Eltern oder Geschwistern, deinen Großeltern oder Freunden kannst du sicher auch schwierigere Bastelarbeiten gestalten. Und wenn du die Motive größer kopierst, ist es auch einfacher.

Vor dem Basteln

Das Basteln macht noch mehr Spaß, wenn du dir Zeit dafür nimmst. Vielleicht hast du auch Lust einen Freund oder eine Freundin zu fragen, ob er oder sie mitmachen möchte.
Bevor du anfängst zu Basteln wäre es gut, wenn du dir einen Malkittel anziehst, dies kann ein altes Oberhemd sein. Nun decke noch deine Arbeitsfläche mit Folie oder Zeitungspapier ab.

Jetzt geht's los

Schau dir die Materialliste deines ausgewählten Motivs genau durch, besorge dir die benötigten Materialien und stelle sie dir zurecht.
Nun lese dir zuerst die gesamte Anleitung einmal durch. So kannst du entscheiden, ob du Hilfe von einem Erwachsenen brauchst.

Nach dem Basteln

Wenn du mit dem Basteln fertig bist oder eine längere Pause machen möchtest, kannst du dein ganzes Material in eine Pappschachtel legen, bis du es wieder brauchst. Es macht auch Spaß, wenn du nützlichen Kleinkram wie Knöpfe, Perlen, Wolle, Papierreste... sammelst. Damit kannst du nach deiner eigenen Fantasie die Motive lustig variieren.
Denke daran alle Stifte und Klebstoffe gut zu verschließen und wasche die Pinsel sofort aus.

Nun viel Spaß beim Basteln und viele lustige Ideen!

Kinderleichte Techniken

Hier haben wir für dich ein Leporello gebastelt. Jede Seite hat eine Zahl, die du hier im Text wiederfindest.
Hier kannst du viele verschiedene Basteltechniken sehen, die wir dir jetzt beschreiben:

1. Klatschtechnik (Herz rechts oben): Knicke ein Blatt Papier in der Mitte. Nun bemale eine Seite mit bunten Fingerfarben und klappe die Seiten wieder zusammen. Öffne das Papier wieder und lass es trocknen.

2. Pustetechnik (Herz links): Gebe ein paar Tropfen Wasserfarbe auf ein Papier und puste die Farbe mit einem Strohhalm in verschiedene Richtungen.

3. Spritztechnik (Herz rechts unten): Reibe eine Zahnbürste in Wasserfarbe, dann streichst du sie an einem Sieb ab, sodass die Farbe auf ein Stück Papier spritzt.

4. Knülltechnik: Reiße je Kugel ein Stück Seidenpapier (ca. 5 cm x 5 cm) ab und knülle dies zwischen deinem Zeigefinger und Daumen zu einer Kugel.

5. Prickeltechnik: Male dein Motiv auf Tonpapier auf und lege es auf eine weiche Unterlage (z. B. Teppichrest, Handtuch). Nun stichst du mit der Prickelnadel dicht aneinander viele kleine Löcher entlang der Bleistiftlinien. Zum Schluss reißt du das Motiv aus dem Papier.

6. Fingerdruck: Bestreiche deine Fingerkuppe mit Fingerfarbe und drucke sie auf Papier. Nach dem Trocknen bemalst du die Motive mit Buntstiften.

7. Drucktechnik: Die Unterseite eines Korkens oder einer Kartoffel wird mit Wasserfarbe bestrichen und auf ein Papier gedrückt.

8. Reißtechnik: Zeichne deine Motivteile mit einem Bleistift auf Tonpapier auf und reiße dann entlang der Bleistiftlinien das Motiv aus.

Frosch Hubert und Lisa, die Maus, begleiten dich durch das Buch und geben dir Tipps und Ideen.

9. So geht's mit Schablonen:
Lege Transparentpapier auf die Vorlage und zeichne alle Motivteile mit einem Bleistift einzeln ab.
Jetzt klebst du das gezeichnete Transparentpapier auf eine dünne Pappe (vielleicht von deinen Frühstücksflocken) und schneidest nach dem Trocknen des Klebstoffes alle Teile aus. Das sind deine Schablonen.
Lege die Schablonen auf das gewünschte Material, umfahre sie mit einem Bleistift und schneide sie aus.
Nimm dir das Foto oder die Vorlage zur Hilfe und klebe das Motiv zusammen.
Zum Schluss wird es noch mit Augen, Nase etc. bemalt und evtl. mit Knöpfen etc. verziert.
Schneller geht's, wenn du Pauspapier zwischen Vorlage und dein ausgesuchtes Material legst und die Linien mit einem Stift einfach durchdrückst.

TIPP
Ein Leporello kannst du auch als kleines Geschenk mit Fotos und deinen eigenen Basteleien gestalten.

Wintersport

Material

- Tonkarton, A5: rot
- Tonkartonreste: gelb, grün
- Pfeifenputzer, ca. 18 cm lang: gelb, grün, blau, rot
- Filz, A6: gelb, rot, grün, blau
- 3 lange Kiefernzapfen, 4 Schwarzkiefernzapfen
- 1 Schaschlikstab
- Fingerfarbe: dunkelgrün
- Märchenwolle: grau, weiß
- Fun-Liner: schwarz, rot
- Heißkleber
- Modelliermasse
- Strukturschnee
- 4 Holzkugeln, ø 2,5 cm: natur
- Cutter mit Schneideunterlage
- Pinsel

Vorlage Seite 88

Für die Tannenbäume bemalst du die großen Zapfen mit grüner Fingerfarbe. Forme eine Kugel aus Modelliermasse und drücke den getrockneten Zapfen hinein. Nun lässt du die Modelliermasse wieder trocknen. Danach wird sie mit Strukturschnee bemalt.

Die Holzkugeln werden mit Heißkleber auf die Zapfen geklebt. Bitte hierfür einen Erwachsenen dir zu helfen. Nun fügst du den Schal an und gibst den Wintersportlern jeweils zwei Arme, die du mit Klebstoff befestigst. Jeder erhält Märchenwolle als Haare und darüber klebst du die zusammengeklebte Zipfelmütze. Das Gesicht wird mit Fun-Liner aufgemalt.

Der Skifahrer erhält seine Stöcke, indem du den Schaschlikstab teilst und jeweils ein Stück in das Ende des Pfeifenputzers eindrehst. Nun bekommt er noch seine zwei Ski.

Der Snowboarder erhält sein Board und der Rodler seinen Schlitten. Die Schlittenschablone wird an der Faltkante geknickt und doppelt ausgeschnitten. Die Zwischenräume des Schlittens schneidest du mit einem Cutter oder prickelst sie aus. Das stehende Männchen hat keine Skiausrüstung und wird einfach in den Schnee gestellt.

Zur Dekoration kannst du Kunstschnee zwischen die Wintersportler streuen. Jetzt können die Kameraden einen zünftigen Wintertag erleben!

Vöglein kommt!

Material

- 2 Tontöpfe, ø 10 cm, 13 cm hoch
- 4 Perlen, ø 1 cm: je 1 x rot, weiß, hellblau, blau
- 2 Perlen, ø 1,5 cm: rot
- 2 Meisenknödel
- Plakafarbe: hellblau, weiß, schwarz, orange
- Filzstift: rot, schwarz
- Wattestäbchen
- Paketband
- Strukturschnee
- Pinsel
- Klarlack
- Pappe

Vorlage Seite 73

Für die Futterglocke mit dem Schneemann streichst du den Topf mit blauer Plakafarbe. Die Glocke mit Vögeln wird weiß grundiert und nach dem Trocknen nochmals mit verdünntem Strukturschnee übermalt. Die Farben gut trocknen lassen!

Nun überträgst du die Motive. Dafür werden Schablonen auf die Blumentöpfe gelegt und mit einem Bleistift umfahren. Um den Schneemann zu gestalten bestreichst du deinen Zeigefinger mit weißer Plakafarbe und tupfst ihn auf. Der Hut, die Nase, die Schneeflocken sowie die kleinen Vögelchen werden mit einem Wattestäbchen aufgetupft. Hierfür drückst du das Wattestäbchen in die Plakafarbe und druckst damit die Motive auf.

Nach dem Trocknen werden die Gesichter und Vogelbeine mit einem Filzstift aufgemalt. Überziehe alles nach dem Trocknen mit Klarlack.

Zum Aufhängen der Glocken wird der Meisenknödel an ein ca. 30 cm langes, doppelt gelegtes Paketband geknotet. Nun bindest du ca. 3 cm über dem Meisenknödel drei dicke Knoten übereinander, fädelst die Kreisschablone aus dicker Pappe auf und machst wieder drei Knoten. Das Paketband durch das Blumentopfloch schieben und die drei Perlen auffädeln.

Jetzt können die Vöglein kommen!

Dicker Schneemann

Für den Körper knüllst du zwei große Seiten Zeitungspapier zu einer Kugel. Diese wird fest mit einem Faden umwickelt. Für den Kopf nimmst du eine Seite. Klebe nun den Kopf mit Heißkleber auf den Körper und fixiere an beiden Seiten eine Wattekugel als Arme. Lass dir dabei von einem Erwachsenen helfen.

Nun umklebst du die Figur so lange mit Kleister und klein gerissenem, weißem Seidenpapier, bis sie weiß ist. Nach dem Trocknen übermalst du sie mit Strukturschnee und lässt sie wieder trocknen.

Die Mütze oben zusammenlegen, klebe einen Pompon als Bommel auf, rolle den unteren Rand etwas auf und setze sie dann dem Schneemann auf. Anschließend klebst du die Nase und die Knöpfe auf und bemalst sein Gesicht.

Den Besen bindest du aus vielen ca. 7 cm langen Stücken Bast zusammen, klebst einen Schaschlikstab als Stiel ein und klebst ihn an den Schneemann. Zum Schluss knotest du das Band als Schal um den Hals.

Material

- Strickschlauch, ø 4 cm: rot
- 3 Pompons, ø 7 mm: 2 x rot, 1 x schwarz
- 1 Pompon, ø 1 cm: rot
- Schleifenband, 1,5 cm breit, 25 cm lang: blau-hellblau kariert
- Naturbast, ca. 18 Stücke, 7 cm lang
- Schaschlikspieß
- Filzstift: schwarz, rot
- Buntstift: rot
- 2 Wattekugeln, ø 2 cm: weiß
- Tapetenkleister
- Zeitungspapier
- Nähgarn: weiß
- Seidenpapier: weiß
- Pinsel

Tipp

Anstatt eines Meisenknödels kannst du auch eine Holzkugel in den Tontopf hängen, so hast du eine Glocke. Die Töpfe kannst du auch mit der Serviettentechnik gestalten. Es gibt viele schöne Wintermotive.

Hurra, es ist Winter!

Material

- Moosgummi, A4: weiß, blau
- Moosgummi, A5: gelb, grün
- Moosgummirest: rot
- Tonpapierrest: gelb
- Fun-Liner: orange
- Kugelschreiber
- Filzstift: schwarz
- 2 Wackelaugen, ø 8 mm
- Naturbast
- Schaschlikstab
- Strukturschnee
- Satinband, 3 mm breit, ca. 60 cm lang: rot
- 3 Glöckchen, ø 1,5 cm
- Pinsel
- Schere oder Cutter mit Schneideunterlage
- Abstandsband
- Motivlocher: kleiner Stern

Vorlage Seite 73

Von dem Motiv fertigst du Schablonen an (auf Seite 7 beschrieben). Die Schablonenteile legst du auf die entsprechenden Moosgummifarben und umfährst sie mit einem Kugelschreiber. Dann schneidest du alle Motivteile aus. Der Schneeberg wird auf den Hintergrund geklebt und rechts und links mit zwei Tannenbäumen geschmückt. Jetzt bepinselst du die Schneefläche und die Tannenbäume mit Strukturschnee. Alles gut trocknen lassen!
Nun klebst du den Schneemannbauch auf und ergänzt den Kopf mit Hut. Der Hut erhält noch eine gelbe Krempe.
Für das Gesicht klebst du zwei Wackelaugen auf und malst die Nase mit Fun-Liner. Den Mund und die Wimpern malst du mit Filzstift auf.
Für den Besen schneidest du mehrere Baststücke in der Länge von 5 cm zurecht. Lege diese auf einen ca. 7 cm langen Schaschlikstab und knote ein Stück Bast fest darum. Jetzt wird der Besen hinter die Schneemannhand geklebt. Füge die andere Hand und die Füße an.
Mit dem Motivlocher stanzt du sieben Sterne aus gelbem Tonpapier aus und klebst sie zusammen mit dem Mond mit Abstandsband auf den Himmel.
Klebe jede Glocke an ein Stück Satinband und klebe dieses hinter das Türschild. Damit jeder weiß, wer bei euch wohnt, kannst du mit einem Filzstift eure Namen auf den Schneemannbauch schreiben.
Jetzt kann der Besuch kommen!

Hampelmann Felix

Material

- Tonkarton, A5: haut, hellgrün, hellblau, schwarz, violett, rosa, rot, weiß, dunkelviolett
- Wellpappe, A5: gelb
- Wolle, 50 cm lang: gelb, rot
- 1 Knopf, ø 2 cm: rot
- 4 Musterbeutelklammern
- Pompon, ø 20 mm: rot
- 1 Holzkugel, ø 2 cm: rot
- Naturbast: hellbraun
- Filzstift: rot, schwarz
- Lackstift: weiß
- Buntstift: rot
- Wasserfarbe: gelb
- Wattestäbchen
- Dicke Nähnadel
- Schaschlikstab

Vorlage Seite 74

Zuerst fertigst du Schablonen an. Die Anleitung findest du auf Seite 7.
Nun schneidest du, bis auf den Bauch, alle Körperteile aus Tonkarton aus. Der Bauch ist aus Wellpappe. Die Arme und Beine werden mit einem in Wasserfarbe getauchten Wattestäbchen bedruckt. Alles gut trocknen lassen.
In der Zwischenzeit gestaltest du den Kopf. In den Kopf prickelst du Löcher, die du danach mit einem Schaschlikstab durchstichst. Schiebe nun durch jedes Loch ein ca. 12 cm langes Basthaar und verknote es.
Jetzt klebst du den weißen Mund und den Pompon als Nase auf. Die Mundlinie und die Augen werden mit einem Filzstift aufgemalt, die Lichtpunkte mit einem Lackstift. Für die Wangen reibst du deine Fingerkuppe in Anspitzerresten von einem roten Bleistift und trägst die Farbe dann mit dem Finger auf das Gesicht auf.
Die Hände werden hinter die Arme geklebt und die Schuhe mit den Beinen hinter die Hosenbeine. Fixiere auf jedem Schuh eine gelbe Schleife und auf die Jacke nähst du einen Knopf.
Nun prickelst du die Löcher für die Klammern. Lege die Arme und Beine hinter die Jacke und verbinde die Teile mit einer Musterbeutelklammer, indem du die Klammern durch die Jacke und Glieder steckst und hinten auseinander biegst. Jetzt klebst du den Kopf mit dem Hals hinter den Körper und klebst die Schleife mit Abstandsband auf.

Damit sich der Hampelmann bewegen kann, bekommt er nun seine Fäden. Drehe den Hampelmann auf die Rückseite und lege die Arme und Beine nach unten in die Grundstellung des Körpers. Nun verbindest du mit waagerechten Fäden (10 cm lang) jeweils die beiden Arme und die Beine miteinander. Dann knotest du in die Mitte des oberen Fadens einen 30 cm langen Zugfaden. Den selben Faden knotest du auch zwischen den Beinen an (siehe Seite 74). Am Ende des Zugfadens befestigst du die rote Holzkugel. Wenn dieser Faden nach unten gezogen wird, hampelt die Figur.

Für die Bälle schneidest du acht Kreise aus und knickst sie in der Mitte. Nun klebst du die Halbkreise Seite an Seite zu einem Kreis zusammen. Der Aufhängefaden wird mit eingeklebt.

Karneval im Weltall

Material

- Tonkarton, A5: lila, orange, hellgrün
- Tonkartonreste: weiß, rot, blau, hellblau, pink, grün
- Hologrammpapier, A4: silber
- Kordel, ca. 2 m lang: silber
- 2 Suppenschüsseln aus Plastik, ø 16 cm
- Aluminiumpapier
- Wasserfarbe: pink
- Strohhalm
- Klebefilm
- Motivlocher: großer Stern

Vorlage Seite 75

Ufo

Für das Ufo klebst du die zwei Suppenschalen mit Klebefilm aufeinander. Dann wird es mit Aluminiumpapier umwickelt. Aus grünen Tonpapierstreifen (4 x 2 cm x 14 cm) wird eine Hexentreppe gefaltet. Die Enden der Streifen klebst du hierfür rechwinklig übereinander und faltest sie abwechselnd übereinander, sodass eine Treppe entsteht. Unten werden die Füße aus Hologrammpapier angeklebt.

Jetzt erhält das Ufo noch die restlichen Verzierungen. Die Antennen knickst du am Ende ein und klebst sie auf das Dach.

Planeten

Auf einem ausreichend großen Stück Tonkarton pustest du Wasserfarbe in der Pustetechnik über das Papier (Anleitung auf Seite 6). Nach dem Trocknen suchst du dir die hübscheste Stelle aus und legst deine Planetenschablone auf, ummalst sie mit einem Bleistift und schneidest den Planeten aus.

Marsmännchen und Weltall-Dino

Das Marsmännchen erhält zuerst seinen Kopf. Bemale ihn mit Mund, Wangen und klebe zwei Augen auf. Dann klebst du die Antennen auf den Kopf und bringst diesen auf dem Körper an. Die Arme, Beine und den Stern fertigst du aus Hologrammpapier an und klebst sie auf den Körper.
Die Rückenwellen des Dinos bemalst du mit silbernem Fun-Liner und lässt die Farbe trocknen. Klebe dann die Beine hinter den Körper und die Arme darauf. Nun klebst du den glitzernden Bauch auf. Zum Schluss fixierst du die Punkte auf den Hörnern, malst das Gesicht und klebst die Wellen hinter den Rücken.

Für das Zusammenfügen der Girlande benötigst du Heißkleber, lass dir bitte dabei helfen. Die 2 m lange Schnur legst du auf den Boden und legst alle Teile in Abständen von 15-20 cm unter das Band. Für das Marsmännchen und den Dino je ein 15 cm langes Band abschneiden, für die Planeten und das Ufo je ein 25 cm langes Band verwenden. Die einzelnen Teile von hinten mit Heißkleber am Band befestigen und dann am großen langen Band anknoten. Auf die Knoten klebst du einen ausgestanzten Stern.

Tolle Masken und Schminkideen

Material

für alle Vorschläge

- Schminkschwamm, Pinsel, Heißkleber

Maus

- Haarreif: schwarz
- Tonkarton, A4: schwarz
- Schminkfarben: rosa, schwarz, weiß

Zebra

- Tonkarton, A3: Zebradruck
- Tonkarton, A4: weiß, schwarz
- Schminkfarben: weiß, schwarz
- Wollfaden: schwarz
- Feiner Haarpinsel

Schmetterling

- Tonkarton, A4: hellblau
- 2 Pfeifenputzer, 30 cm lang: blau
- Fun-Liner: gelb, grün
- Wollfaden: gelb
- Krepppapierreste: blau, grün
- Lippenstift: grün
- Schminkfarbe: rosa
- Haarreif: grün

Löwen- und Tigergesicht

- Schminkfarben: rotbraun, gelb, weiß, schwarz
- Rundhaarpinsel

Indianerin mit Kette

- Schminkfarben: rot, gelb, grün
- Wellpappe, A3: braun
- 17 Holzperlen, ø 1 cm: grün
- Wollfaden: rot, gelb
- 2 Federn: gelb, rot
- Prickelnadel mit Unterlage
- 5 Marabufedern: braun
- Verschiedene Holzperlen: rot, gelb, braun, weiß
- Korken
- Schaschlikstab

Vorlage Seite 76

Für alle Arbeiten mit dem Heißkleber bitte einen Erwachsenen dir zu helfen.

● Maus

Klebe beide Ohren mit Heißkleber an den Haarreif. Das Gesicht bemalst du mit einem rosafarbenen Mund und Wangen. Dann erhält das Mäuschen eine schwarze Nase und die Schnurrbarthaare, die mit einem Pinsel aufgemalt werden.

●● Zebra

Klebe die Ohren hinter den Kopfstreifen. Nun befestigst du ein Band an beiden Seiten des Streifens, damit bindest du die Maske um den Kopf. Für das Gesicht malst du die Linien abwechselnd mit einem flachen Haarpinsel von der Gesichtsmitte ausgehend nach außen auf.

●● Schmetterling

Schneide die Augenlöcher aus der Maske aus und bemale sie mit Fun-Liner. Nach dem Trocknen knotest du je nach Kopfumfang etwas Wolle an die seitlichen Löcher, damit die Maske um den Kopf gebunden werden kann. Falte das Krepppapier über den Haarreif, binde es mit einem Faden zusammen und öffne es zu einer Blume. Dann kannst du es mit den Pfeifenputzern am Haarreif mit Heißkleber befestigen. Nun wird das Gesicht rosa grundiert und der Mund grün gemalt.

●●● Löwen- und Tigergesicht

Die Augen und die Mundpartie werden mit einem Schminkschwamm weiß grundiert. Dann gibst du die gelbe Farbe auf die Nasenpartie, auf die Wangen und über den Nasenrücken. Auf den hinteren Wangenbereich und oben auf die Stirn tupfst du rotbraune Farbe. Nun malst du mit einem Rundhaarpinsel die schwarzen Konturen wie Nase, Fell und Schnauzbartlöcher auf.
Beim Tiger wird das Fell vom äußeren Wangenrand nach innen mit Zickzack- Bewegungen ins Gesicht gemalt. Damit du gut essen kannst, wird der Mund nur umrandet.

●●● Indianerin

Ihr werden bunte Streifen ins Gesicht gemalt. Die Löcher des Kopfschmucks prickelst du aus und fädelst abwechselnd einen roten und einen gelben Wollefaden ein. Dann klebst du die

grünen Perlen auf, von hinten klebst du die Federn an. Jetzt fädelst du an jeder Streifenseite einen Faden ein, mit dem du die Maske um den Kopf binden kannst.
Für die Kette stellst du aus Wellpappe Perlen her. Dazu nimmst du den Wellpappe-Streifen, wickelst ihn stramm um einen Schaschlikstab und klebst die Enden fest. Nach dem Trocknen kannst du die fertige Perle abziehen. Dann klebst du die Marabufedern an die Korken und fädelst diese mit Perlen und den Wellpappeperlen auf einen Wollfaden, den du an den Enden verknotest.

Kunterbuntes Fest

Material

- Tonkarton, A4: haut, hellblau, grün, pink, rot
- Tonpapier, A5: weiß
- Tonkartonreste: gelb, blau
- Pompons, ø 7 mm: 6 x gelb, 2 x rot
- Faden: weiß
- 3 Glöckchen, ø 2 cm
- Filzstift: schwarz, rot
- Buntstift: rot
- Lackstift: weiß
- Draht, ø 1 mm, ca. 20 cm lang
- Wattekugeln, ø 15 mm: bunt
- Krepppapier, 4 cm breit, 2,50 m lang (von einer Rolle abschneiden): pink, lila
- Zackenschere

Vorlage Seite 77

Für die Krepppapiergirlande schneidest du von einer lila und einer pinkfarbenen Krepppapierrolle zwei 4 cm breite und 2,50 m lange Bänder ab. Klebe die Enden im rechten Winkel übereinander. Dann faltest du die Streifen immer abwechseln übereinander. Die Enden klebst du wieder zusammen.

Für die Einladung faltest du das weiße Papier ziehharmonikaartig. Dann wird es beschriftet. Das obere Stück klebst du hinter die gelben Arme. Nun bringst du die Hände an beiden Seiten an und klebst den Kragen auf. Gestalte das Gesicht mit einem Pompon als Nase und male Augen, Mund und Wangen auf. Die Mütze wird mit den Pompons verziert und hinter den Kopf geklebt.

Der Kopf des Schokokuss-Kaspers wird genauso gearbeitet. Hinter ihn klebst du den Draht mit Heißkleber. Bitte hierbei einen Erwachsenen dir zu helfen. Dann fügst du den Kragen an. Der Draht wird um einen Finger gewickelt und dann in den Schokokuss gepiekst.

Der große Kasper ist ein Spiel. Du kannst ihn auch als Fensterbild basteln – klebe ihm dann eine Nase aus rotem Tonkarton auf.

Für das Spiel wird die Nase mithilfe einer kleinen Schere ausgeschnitten oder ausgeprickelt. Nun malst du das Gesicht. Klebe die Mütze zusammen und dann hinter das Gesicht. An den Mützenzipfeln, durch die du Löcher gestochen hast, befestigst du mit einem Faden die kleinen Glöckchen. Zum Aufhängen fädelst du einen Faden durch die Mütze.

Nun kann das Spiel beginnen:
Jeder Spieler erhält drei Wattekugeln in einer Farbe. Jetzt wird abwechselnd versucht die Kugeln durch das Nasenloch zu werfen. Sieger ist, wer als erster alle Wattekugeln durch das Loch geworfen hat.

Idee für Draußen

Beklebe den Kopf mit Klarsichtfolie und versuche Kirschkerne durch das Nasenloch zu spucken.

EINLADUNG
ZU MEINEM
GEBURTSTAG
UM 15.00 UHR

Treffen am Teich

Material
- Schwimm-Knete: gelb, grün, weiß, orange
- Schwimm-Glitterknete: gelb, grün
- Filzstift: schwarz
- Feder: gelb
- Schaschlikstab

Vorlage Seite 83

Forme für den Entenkopf eine kleine Kugel aus gelber Knete. Für den Körper formst du eine größere Kugel aus gelber Glitterknete, diese drückst du platt. Eine sehr kleine Kugel rollst du zwischen deinen Händen zu einer Rolle und drückst sie für den Schnabel platt. Jetzt wird der Schnabel unter den Kopf geklebt und der Kopf in die Mitte des Körpers flach aufgedrückt. Mit einem schwarzen Filzstift drückst du die Augen in den Entenkopf und eine Feder dient als Schwanz.

Die kleinen Frösche haben einen Körper aus einer halben Kugel, die flach gedrückt wird. Die Beine werden aus ausgerollter Knete geschnitten und gleichmäßig unter den Körper geklebt. Für die Augen formst du zwei große gelbe Kügelchen und zwei kleine weiße. Drücke die gelben auf den Körper und setze die weißen davor. Dann stichst du mit einem schwarzen Filzstift die Pupille hinein. Den Mund einfach mit dem Schaschlikstab einritzen. Jetzt können die Tiere schwimmen gehen.

Knuddelige Schäfchen

Fertige wie auf Seite 7 beschrieben für die Schafe eine Schablone an. Dann bemalst du den Kopf mit einem Gesicht und klebst etwas Watte als Haare auf. Anschließend kannst du den Kopf auf den Körper kleben.
Jetzt klebst du den Schäfchen kleine, aus Seidenpapier geknüllte Kugeln auf die Bäuche. Die Knülltechnik ist auf Seite 6 beschrieben. In Bauch und Füße lochst du mit dem Bürolocher Löcher. In diese ziehst du ca. 6 cm lange Wollfäden als Beine ein und knotest sie fest. Nun bekommen die kleinen Schäfchen noch einen Aufhängefaden, den du mithilfe der Nadel anbringst. Stanze die kleinen Blüten mit dem Motivlocher aus und klebe einen weißen, ausgelochten Punkt in die Mitte. Jetzt kannst du alles an einem Frühlingsstrauß dekorieren. Die Blumen mit Knete oder Heißkleber anbringen.

Material
- Tonkarton, A4: weiß
- Tonkartonreste: beige, braun, lila, pink
- Seidenpapier: weiß
- Filzstift: schwarz
- Buntstift: orange
- Wolle: weiß
- Watte
- Motivlocher: große Blume
- Bürolocher
- Nadel
- Nähgarn: weiß

Vorlage Seite 78

Zarte Glockenblümchen

Material

- 3 Pfeifenputzer, je ca. 20 cm lang: grün
- Eierkarton
- Krepppapier, 15 cm x 27 cm: grün
- 3 Holzkugeln, ø 1 cm: gelb
- Fingerfarbe: hellblau
- Prickelnadel

Vorlage Seite 79

Schneide die Eierkartons in Form einer Blume aus. Nun bemalst du sie in Hellblau oder deiner Lieblingsfarbe und lässt sie trocknen. Steche mit einer Prickelnadel ein Loch in die Mitte des Eierkartons und schiebe einen Pfeifenputzer durch. Dann klebst du auf das Ende des Pfeifenputzers eine Holzkugel. Die Stängel werden ineinander verschlungen, das Blatt wird an den Pfeifenputzer geklebt und dann kannst du die Blumen in eine Vase stellen.

Zauberhafte Elfenwelt

Für die Elfen schneidest du die Pfeifenputzer in zwei 10 cm lange und ein 8 cm langes Stück. Nimm dir jetzt bitte die Vorlage zur Hilfe. Hier siehst du, wie du das Biegepüppchen zusammenlegst: die langen Pfeifenputzer legst du als Beine nebeneinander, das kürzere Stück für die Arme legst du oben dazwischen. Dann verdrehst du die Beine miteinander, damit die Arme fixiert werden. Als Hände und Füße klebst du die kleinen Perlen an, die große Holzkugel klebst du als Kopf auf.
Jetzt fädelst du mit der Nadel einen Faden in das Elfenkleid und ziehst das Kleid unter den Armen um den Körper zusammen. Über den Armen befestigst du den mit der Zackenschere ausgeschnittenen Kragen. Diesen klebst du hinten zusammen. Auf den Kopf kannst du etwas Märchenwolle als Haare kleben. Schneide den Hut aus, klebe ihn zusammen und biege die untere Kante etwas nach außen, sodass eine Krempe entsteht. Jetzt klebst du den Hut auf den Kopf, ziehst einen Aufhängefaden durch ihn und malst das Gesicht.

Für die Blumen klebst du eine große Holzkugel auf einen 15 cm langen, grünen Pfeifenputzer. Jetzt umhüllst du die Kugel mit Krepppapier und bindest das Krepppapier unten mit einem Faden zusammen.
Schneide die Blumenfransen aus Krepppapier aus und lege sie um die Blume. Wie bei den Elfen beschrieben arbeitest du ein Kleid und legst dieses um die Blume. Mit dem Faden ziehst du es zusammen. Unten klebst du einen Elfenkragen in Grün zur Verschönerung um die Blüte.

Material

- 5 Holzkugeln, ø 2,5 cm: natur
- Je 4 Holzkugeln, ø 1 cm: rosa, hellblau, gelb
- Pfeifenputzer: pink, hellblau (je 30 cm lang), grün (60 cm lang)
- Krepppapier, ca. 25 cm x 20 cm: pink, grün, weiß, hellblau, rot, orange, lila, rosa
- Märchenwolle: weiß, gelb
- Filzstift: rot, schwarz
- Nähgarn: weiß
- Nähnadel
- Zackenschere

Vorlage Seite 79

Bunte Frühlingswiese

Material

- 3 Papprollen (Küchenrollen)
- 3 runde Bierdeckel
- Fingerfarbe: hellgrün, gelb, orange, rosa, lila
- Tonkarton, A4: pink, orange, lila
- Tonkarton, A5: lila, orange, weiß
- Tonkartonreste: dunkelorange
- Seidenpapier: pink, orange, gelb
- Pinsel
- Dekosteinchen: rosa
- Wollfaden: weiß
- Heißkleber

Vorlage Seite 78

Zuerst bemalst du die Küchenrollen mit hellgrüner Fingerfarbe. Lass sie gut trocknen.
Die Schablonenherstellung, die Knüll- und die Reißtechnik findest du auf Seite 6 und 7. Auf den Körper des Käfers klebst du den gerissenen Kopf und die Punkte. Hinter seinen Körper klebst du sechs Wollfäden als Beine (7 cm lang) und zwei Fühler (5 cm lang).
Die lilafarbene Blume ist mit der Knülltechnik gestaltet und die pinkfarbene mit der Reißtechnik. Für die lila Blume klebst du die geknüllten Seidenpapierkügelchen auf den runden Bierdeckel. Für die orangefarbene Blume bestreichst du den Bierdeckel mit gelber Fingerfarbe und streust in die noch nasse Farbe die Dekosteinchen. Für die pinkfarbenen Blume wird der Bierdeckel mit kleinen, ausgerissenen Tonkartonstückchen beklebt. Wenn die gestalteten Bierdeckel getrocknet sind, kannst du sie in die Mitte der Blumen kleben. Zum Schluss werden die Blüten mit Heißkleber an die bemalten Küchenrollen geklebt. Bitte hierfür einen Erwachsenen dir zu helfen. Jetzt kannst du deine Frühlingswiese dekorieren.
Für den Schmetterling knickst du den weißen Tonkarton in der Mitte. Nun bestreichst du eine Seite mit Orange, Rosa und Lila und faltest das Blatt zusammen. Zieh es wieder auseinander und lass es trocknen. Leg dann die Schmetterlingsflügel-Schablone darauf, umfahre sie mit einem Bleistift und schneide sie aus. Das sind deine Flügel. Nun noch den Körper aufkleben und die Fühler anbringen.

Tipp

Anstelle von Steinchen kannst du auch Glitzerpulver in die Farbe streuen.

Ostern ist da!

Material

- Tonkarton, A4: orange, gelb
- Tonkarton, A5: grün, hellbraun, weiß
- Tonkartonreste: schwarz, rot
- 6 Flauschfedern: gelb
- Filzstift: schwarz, hellblau, rot, grün, orange
- Lackstift: weiß
- Nähgarn: weiß
- Nadel

Vorlage Seite 80

Zuerst fertigst du Schablonen an (Anleitung auf Seite 7). Nachdem du alle Teile aus Tonkarton ausgeschnitten hast, klebst du das Grünzeug hinter die Möhre. Gestalte das niedliche Gesicht des Hasen und klebe seine Haare auf. Jetzt klebst du den Kopf mit den Händen oben an die Möhre. Die Möhre bemalst du mit Filzstiften.

Jetzt kannst du die drei Küken basteln. Klebe die Bäuche hinter die Eierschalen. Dann ergänzt du die Köpfe und klebst Schnäbel und Augen auf. Klebe jedem Küken zwei Federn als Flügel hinter den Körper. Ziehe durch jedes Küken mit der Nadel einen Faden und knote sie unter die Möhre.

Idee

Das Fensterbild kannst du auch hübsch als Türschild gestalten und auf die Möhre „Frohe Ostern" schreiben.

Lustige Eierhühner mit Osterschale

Material

- 5 Styroporeier, ø 8 cm: weiß
- 1 Styroporei, ø 6 cm: weiß
- Tapetenkleister
- Tonpapierreste: grün, rosa, hellblau, rot, gelb, orange
- Japanpapier: gelb, weiß, blau, pink, lila, grün, rot
- Marabufedern: bunt
- 10 Wattekugeln, ø 12 mm: weiß
- 2 Wattekugeln, ø 10 mm: weiß
- Filzstift: schwarz
- Jogurtbecher, ø 12 cm, 6 cm hoch
- Grassamen, Erde
- 2 Schaschlikstäbe
- Nähgarn: weiß
- Stecknadeln
- Bürolocher
- Plastikunterlage (z. B. Tüte)
- Cutter

Vorlage Seite 81

Reiß das Japanpapier in kleine Stücke. Nun umkleisterst du die Styroporeier damit, indem du den Kleister leicht mit dem Finger aufträgst und darüber zwei Schichten Japanpapier legst. Wenn kein Weiß mehr durchscheint, klebst du die ausgelochten Tonpapierpunkte auf und lässt die Eier auf einer Plastikunterlage trocknen.
Nun klebst du zwei Federn als Flügel auf zwei Seiten des Eis. Bitte einen Erwachsenen dir zu helfen und schneide mit einem Cutter oben einen waagerechten Schlitz in das Ei. In diesen steckst du den Kamm, dessen Kante du vorher mit Klebstoff bestrichen hast. Klebe nun die mit einem Filzstift bemalten Augen davor. Jetzt wird der Schnabel geknickt und vor die Augen geklebt. Den Aufhängefaden wickelst du um eine Stecknadel und stichst diese in das Ei.
Das kleine Huhn wird genauso gebastelt.

Die bunten Ostereier links werden genauso wie die Eierhühner gebastelt.

Die hübsche Osterschale ist sehr leicht zu machen. Der Jogurtbecher wird mit Kleister und rotem Japanpapier umkleidet. Klebe gelbe, ausgelochte Punkte auf und lass alles trocknen. Jetzt füllst du die Schale mit Erde und streust in sie die Grassamen. Denk daran die Samen einmal täglich zu gießen, dann sprießt in deiner Schale nach ungefähr zwei Wochen Gras.

Tipp

Je bunter du die Eierhühner bastelst, desto lustiger sind sie!

Kerze

Material

- Kerzen- Pen: braun, grün, hellgrün, weiß, blau
- Kerze, ø 8 cm, ca. 15 cm: orange
- Kugelschreiber

Die Osterkerze bemalst du mit dem Kerzen-Pen. Male frei Hand einen Osterhasen mit Kugelschreiber auf der Kerze vor. Dann malst du die Linien mit dem Kerzen-Pen nach.

Hasenreihe

Für die Hasenreihe stellst du wie auf Seite 7 beschrieben eine Schablone für den Hasen her. Für eine Kette mit fünf Hasen faltest du einen 35 cm langen und 12 cm hohen Tonkartonstreifen alle 7 cm im Zick-Zack. Die Schablone legst du auf den Stapel und umfährst sie mit einem Bleistift. Nun schneidest du den aufgemalten Hasen aus und faltest das Band auseinander. Jetzt bemalst du deinen Zeigefinger mit Fingerfarbe und drückst jedem Häschen einen weißen Bauch auf. Lass die Fingerfarbe gut trocknen und binde in der Zwischenzeit aus den Satinbändern kleine Schleifchen. Nun malst du jedem Hasen ein Gesicht auf und klebst die Schleifen an.

Österliche Karten und Serviettenringe

Lies bitte auf Seite 7 nach, wie du Schablonen anfertigen kannst und wie der Fingerdruck funktioniert. Alle Fingerdrucke werden mit Buntstiften als Hase, Henne oder Küken bemalt.
Beginne mit den Namensschildern. Bedrucke sie mit den österlichen Tieren und beschrifte sie mit den Namen deiner Gäste. Dann werden sie in der Mitte gefaltet, sodass sie aufgestellt werden können.
Auch die Osterkarte und die Serviettenringe werden mit dem Fingerdruck gestaltet. Die Karte wird in der Mitte gefaltet und die Serviettenringe werden zu einem Kreis zusammengeklebt.

Material

- Tonkarton, A3: hellblau
- Tonpapier, A3: braun
- Satinband, 3 mm breit, je 15 cm lang: gelb, rot, blau, hellgrün
- Fingerfarbe: gelb, weiß, braun
- Buntstift: rot, gelb, grün, blau, braun
- Dicker und dünner Filzstift: schwarz
- Bleistift

Vorlage Seite 80

Pia
ena

Franz, der Osterhase

Material

- Weidenkorb, ø 20 cm
- Tonkarton, A3: braun
- Tonkarton mit Pünktchendruck, A5: blau-weiß
- Tonkartonrest: weiß
- Pompon, ø 2 cm: rot
- Paketband, 3 x 15 cm lang
- Filzstift: rot, schwarz
- Buntstift: rot
- Heißkleber

Vorlage Seite 81

Stelle die Schablonen wie auf Seite 7 beschrieben her. Gestalte dann zuerst das Gesicht, indem du die Augen aufklebst und die Wangen mit einem Buntstift aufmalst (das ist auf Seite 14 genauer beschrieben). Für die Augen kannst du auch Klebepunkte oder Wackelaugen nehmen. Klebe die Schnurrbarthaare aus Paketband auf und setze den Pompon als Nase darüber. Jetzt wird der Mund mit einem Filzstift gemalt.
Der Körper und die Füße werden mit Heißkleber an den Korb geklebt. Bitte hierfür einen Erwachsenen dir zu helfen.
Nun klebst du das gepunktete Halstuch so auf den Körper, dass es etwas in den Korb hängt. Den Kopf klebst du dann auf das Halstuch. Besonders lustig sieht der Osterhase aus, wenn du ein Ohr mit deinen Fingern ein wenig einrollst.

Osterhennen

Die witzigen Osterhennen kannst du als Karte, Aufhänger oder Namensschild benutzen. Die Herstellung von Schablonen und das Prickeln sind auf Seite 6/7 beschrieben.
Bei der Tischkarte achte bitte darauf, dass du die Schablone an die Faltkante eines doppelt gelegten Papiers legst. Die anderen Hühner werden einseitig gearbeitet.
Nachdem du alle Teile aus Tonkarton ausgeschnitten hast, klebst du sie zusammen. Hierfür werden der Kamm und der Schnabel hinter die Henne und das bemalte Auge auf die Henne geklebt. Die Bemalung der Wangen ist auf Seite 14 beschrieben. Den Pfeifenputzer biegst du um deinen Finger und klebst ihn auch hinter den Körper. Fixiere mithilfe einer Nadel an den Hennen einen Faden.

Material

- Tonkarton, A5: hellblau, rot, weiß, gelb
- Pfeifenputzer, ca. 10 cm lang: 2 x hellblau, 1 x weiß
- Klebepunkte, ø 12 mm: weiß, blau
- Filzstift: schwarz
- Buntstift: rot
- Prickelnadel und Unterlage
- Nähgarn: weiß
- Nähnadel

Vorlage Seite 81

Erika

Geschenke zum Muttertag

Material

Schürze
- Baumwollschürze: weiß
- Stoffmalfarbe: rot, grün, haut, weiß
- Stoffmalstifte: schwarz, blau, rot
- Pinsel
- Backförmchen: Herz

Tasche/Karte
- Baumwolltasche, natur
- Kopierpapier
- Tonkarton, A3: weiß
- Stoffmalfarbe: rot, gelb, grün
- Pinsel
- Schälmesser
- Backförmchen: Blume
- Schwamm

Tassen
- Porzellanmalstifte: schwarz, rot, orange, gelb, grün
- 2 Porzellantassen

Kochlöffel
- Filz, A5: weiß
- Filzrest: grün
- Nähgarn: weiß
- Sisalfaden: rot, dunkelbraun
- Filzstift: rot, schwarz
- Buntstift: rot
- 2 Kochlöffel aus Holz
- Rest Tonkarton: weiß

Vorlage Seite 78/79

Diese Geschenke sind sehr leicht nachzuarbeiten, denn du kannst sie auch mit deinen eigenen Ideen bemalen und benötigst dann keine Schablonen.

Die Schürze, die Tasche und die Karte sind mit Kartoffeldruck und Stoffmalfarbe bedruckt. Du fixierst Stoffmalfarben, indem du sie gemäß der Herstellerhinweise von der Rückseite bügelst. Bitte einen Erwachsenen dir bei den Schneidearbeiten mit dem Messer zu helfen.
Am einfachsten ist es, wenn du für Herzen und Blumen eine Kartoffel halbierst, das Backförmchen (z. B. Herz, Blume) hineindrückst und die Außenkanten abschneidest. Wenn du keine Backförmchen hast, legst du die Schablonen von Seite 79 auf die Kartoffel, umrandest diese mit einem Kugelschreiber und schneidest die Außenbereiche weg.
Bestreiche die Druckfläche mit Stoffmalfarbe und drucke die Kartoffel auf die Schürze, Tasche oder Karte.
Für das große Herz auf der Tasche machst du dir eine Schablone (siehe Seite 7). Diese legst du auf die Tasche und bedruckst den Innenbereich mit einem Schwamm.

Das lustige Gesicht auf der Tasche ist mit Stoffmalfarben und Stoffmalstiften gemalt.
Kopiere es 200 % größer für die Schürze und pause es mit Kopierpapier auf die Schürze. Übertrage die Vorlagen mit Kopierpapier auf die Tassen. Die Tassen werden mit Porzellanmalstiften bemalt und im Backofen gebrannt (siehe Anleitung der Porzellanmalstifte), so kannst du sie auch spülen. Du kannst sie auch mit dem Lieblingstier des Beschenkten verzieren.

Den lustigen Kochlöffeln wird das Gesicht mit Filzstiften aufgemalt, die Wangen mit Buntstift. Binde den Filzrest zu einer kleinen Schleife und klebe ihn auf den Kochlöffel. Jetzt erhalten beide Figuren ihre Sisalhaare. Klebe den Filz für die Kochmütze auf weißen Tonkarton und schneide die Mütze aus. Klebe die Mütze auf den Löffel und ergänze den Mützen-Filzrand.

Tipp

Diese Geschenke sind auch eine tolle Geschenkidee zum Vatertag oder zu anderen Anlässen.

Zwei Freunde am Meer

Material

- Tonkarton, A4: grün, grau
- Tonkarton, A5: hellblau, gelb, pink, lila
- Tonkartonreste: weiß, rot, rosa, schwarz
- Lackstift: weiß
- Buntstift: rot, orange
- Filzstift: gelb, hellblau, rot, schwarz
- Fun-Liner: rosa
- Zeitungspapier
- Muscheln, Seesterne, Sand, Steine
- Bürolocher

Vorlage Seite 82/83

Für beide Figuren benötigst du Schablonen. Die Anleitung findest du auf Seite 7. Wenn du alle Motivteile aus Tonkarton oder Tonpapier ausgeschnitten hast, kannst du beginnen.

Der niedliche Frosch ist in seiner Körperhälfte geteilt, damit du ihn leichter ausschneiden kannst. Lege nun den Oberkörper und die Beine aneinander und klebe die Hose darüber. Die kleinen roten Punkte werden mit einem Locher ausgestanzt und auf die Hose geklebt.

Jetzt gestaltest du die Gesichter der Tiere. Klebe zuerst die bemalten Augen auf und zeichne dann die Münder auf. Die Wangen des Frosches und der Krake gestaltest du wie auf Seite 14 beschrieben. Anschließend überträgst du die restliche Bemalung.

Die Krakenbeine bemalst du noch mit pinkfarbenem Fun-Liner. Nach dem Trocknen klebst du die Krake in den Arm des Frosches.

Die kleine Maus erhält zuerst ihr Kleid, das mit hellblauen Punkten und Kringeln bemalt wird. Dann befestigst du den Schwanz hinter dem Kleid und klebst die Schwimmflossen auf die Füße. Klebe das Innenohr und die Nase auf den Kopf der Maus. Den Seestern klebst du in den Arm der Maus. Den Sand kannst du auf eine mit Klebstoff bestrichene Tonkartonfläche streuen und mit kleinen Steinchen und Muscheln dekorieren.

So faltest du Schiffchen: Auf Seite 83 findest du genaue Skizzen. Schau dir diese beim Basteln an, so kannst du sie einfacher nacharbeiten.

1. Zuerst faltest du ein 7 cm x 11 cm großes Stück Zeitungspapier der Länge nach zur Mitte.
2. Knicke es nochmals in der Mitte, öffne es wieder und falte die beiden Spitzen der geschlossenen Seite nach unten zur Mittellinie.
3. Klappe die Kanten hoch und die überstehenden Ecken auf die andere Seite. Drehe das Dreieck um und wiederhole die Faltung.
4. Jetzt hast du einen Hut gefaltet.
5. Von unten öffnest du den Hut und faltest ihn zu einem Quadrat.
6. Falte die Spitze auf der offenen Seite nach oben, drehe das Quadrat um und wiederhole die Faltung.
7. Öffne das Dreieck wieder von der Längsseite.
8. Knicke es zu einem Quadrat.
9. Ziehe die obere Spitzen auseinander.
10. Jetzt hast du ein Schiff.

So gelingen die Augen gut

Alle Tiere erhalten Augen aus weißem Tonkarton. Du kannst sie sehr schön mit einer Schablone aufmalen. Male zuerst die schwarzen Pupillen und lass dabei einen weißen Lichtpunkt frei. Dann umrandest du die Pupille entweder mit einem gelben Filzstift für den Frosch oder mit einem hellblauen Filzstift für den Seestern und die Maus. Danach schneidest du die Augen auf und klebst sie auf dein Motiv.

Titelbild

Die Figuren werden fast genauso wie auf Seite 38 beschrieben gemacht. Die Maus erhält anstatt Flossen Schuhe. In ihren Arm klebst du die Schere, etwas zusammengerolltes Architektenpapier, das Lineal und den Pfeifenputzer.
Der Frosch bekommt ein Halsband. In seine Hand klebst du zwei Stifte mit einem Pinsel. Jetzt können die beiden basteln.

Material

wie auf Seite 38 und zusätzlich

- Satinband, 4 mm breit, 15 cm lang: rot
- Pfeifenputzer, ca. 10 cm lang: lila
- Knopf, ø 1 cm: schwarz
- Rest Architektenpapier
- Wolle: weiß

Vorlage Seite 82

Auf zur Seefahrt!

Material

- Tonkarton, A4: rot, blau, rot-weiß und blau-weiß gestreift, Wassermotiv
- Tonkarton, A5: haut
- Tonkartonreste: orange, schwarz, blau mit weißen Pünktchen, weiß
- 3 Holzstäbe, ø 1 cm
- 9 Holzperlen, ø 12 mm: rot
- Filzstift: rot, schwarz
- Bleistift: rot
- Draht, ø 1 mm, 1 m lang: schwarz
- Prickelnadel mit Unterlage
- Schaschlikstab

Vorlage Seite 84

Als erstes schneidest du die Köpfe und den Seestern mit Hilfe von Schablonen aus (Anleitung auf Seite 7).
Setze die Mützen auf die Köpfe und bemale alle Gesichter. Für die Wangen spitzt du einen roten Buntstift an und reibst deine Fingerkuppe in den Anspitzerresten. Diese Farbe trägst du mit kreisenden Bewegungen als Wangen auf.
Prickle nun alle auf der Vorlage markierten Löcher und durchbohre sie danach nochmals mit einem Schaschlikstab, damit sie schön rund werden.
Jetzt steckst du die Windräder zusammen. Dafür wickelst du den Draht mehrmals um das obere Ende des Holzstabes (siehe Skizze auf Seite 84). Dann fädelst du eine Perle auf und steckst das Windrad auf. Nimm dazu alle Spitzen zur Mitte und schiebe sie auf den Draht. Jetzt fädelst du wieder eine Perle auf. Anschließend steckst du das Gesicht auf und fixierst wieder eine Perle. Das Drahtende zu einem kleinen Knoten drehen und abschneiden.

Idee

Anstatt eines Seesterns kannst du auch selbst eine Sonne malen und auf das Windrad stecken.

Meeresblick

Material

- Tonkarton, A4: weiß
- Tonkarton, A5: blau, rot
- Fingerfarbe: rot, blau, grün
- Weinkorken
- Wachsmalstift: schwarz

Vorlage Seite 84/85

Fertige zuerst Schablonen an, wie auf Seite 7 beschrieben. Für das Segelschiff klebst du das Segel hinter den Schiffsrumpf. Auf den weißen Leuchtturm malst du mit einem schwarzen Wachsmalstift die Streifen, Fenster, Dach und Tür.

Nun tunkst du den Weinkorken in die Fingerfarbe und bedruckst damit den Leuchtturm und das Segelschiff. Am einfachsten ist es, wenn du für jede Farbe einen eigenen Korken nimmst.

Bunte Stranderinnerungen

Für die Girlande legst du die Mobilefolie auf die Vorlage. Fixiere sie mit Klebefilm und male alle Linien mit der Konturenfarbe nach. Lass diese ca. 8 Stunden trocknen. Jetzt füllst du die Flächen mit Farbe aus, indem du die Farbe bis an die Konturenränder malst. Dann setzt du die Streifen, Punkte und Wackelaugen der Meerestiere direkt in die nasse Farbe hinein. Den Farbauftrag 24 Stunden trocknen lassen. Nach dem Trocknen schneidest du alle Motive aus.

Das grüne Seepferdchen und der Seestern erhalten auf der Rückseite am Kopf einen Korken. Klebe den Korken vorsichtig mit Heißkleber an. So können diese Tiere im Wasser schwimmen.

Den Krebs, das Schiff, die Krake und den blauen Fisch ziehst du abwechselnd mit Perlen auf Perlonfaden. Den Ast, die Muschel und das Seepferd hängst du mit Nähgarn an das Schiff. Zum Schluss klebst du ein paar Muscheln an den Schiffsrumpf.

Der pinkfarbene Fisch wird wie oben beschrieben direkt auf den Deckel der runden Schachtel gemalt. Um ihn herum trägst du transparente Farbe auf und streust in diese blauen Glitter. Den zweiten Deckel bemalst du mit blauer Farbe. In die nasse Farbe legst du kleine Steine und Glaskügelchen. Nach dem Trocknen kannst du eine schöne Muschel in die Mitte kleben.

Material

- Windowcolor-Konturenfarbe: schwarz
- Windowcolor: rot, orange, pink, weiß, schwarz, hellblau, grün, hellgrün, violett, flieder, transparent
- Glitter: blau
- Glaskügelchen: transparent
- Mobilefolie, A4, 2,5 mm stark
- Dekomuscheln, kleiner Ast
- Perlonfaden, ca. 50 cm lang
- Gemischte Perlen
- Runde Plastikdose, ø 8,5 cm
- Ovale Plastikdose, 11 cm x 7,5 cm
- 2 Weinkorken
- 10 Wackelaugen, ø 8 mm
- Nähnadel
- Nähgarn: weiß
- Heißkleber
- Klebefilm

Vorlage Seite 85

Toller Schmuck und mehr

Material

- 2 Schachteln aus Pappe, ø 13 cm
- Tonkarton, A5: schwarz, gelb
- Tonkartonrest: weiß
- Wolle: schwarz, gelb
- Filzstift: rot, schwarz
- Buntstift: rot
- Fun-Liner: verschiedene Farben
- Bunte Holzperlen
- Holz-Kleiderbügel
- Haarreif: grün
- Haargummi
- Broschennadel
- Wäscheklammer
- Haarspange
- Steine
- Gummifaden: schwarz
- 4 Klebepunkte, ø 1,5 cm: weiß
- Backpapier
- Heißkleber
- Prickelnadel

Vorlage Seite 83

Alle Motive, die du hier siehst, werden mit Fun-Linern gebastelt. Hierfür legst du Backpapier auf die Vorlagen und paust sie ab. Nimm dir das Foto zur Hilfe und male die kleinen Figuren mit den Fun-Liner Stiften bunt. Dabei kannst du viele lustige Farben verwenden.
Nachdem du dein Lieblingsmotiv gemalt hast, lässt du die Farbe ca. 6 Stunden trocknen. Anschließend wird sie mit dem Föhn (höchste Stufe) oder im Backofen (ca. 10-16 Sekunden/150 °C) aufgeschäumt, bis sie matt und reliefartig erscheint.
Jetzt kannst du die kleinen Figuren mit Heißkleber auf Haargummis, auf Haarspangen, auf den Haarreif, auf Wäscheklammern oder auf den Kleiderbügel kleben.
Die Steine mit den Schlangen werden direkt bemalt und nach dem Trocknen aufgeplustert. Du kannst sie als Briefbeschwerer benutzen.
Für die Kette fädelst du bunte Perlen und die Fun-Liner-Motive etc. mit einer Nadel auf Gummifaden.

Witzig sieht es auch aus, wenn du auf Holzperlen Fun-Liner-Punkte auftupfst. Die Enden werden einfach verknotet. Schon ist dein Schmuck fertig.

Die Mädchengesichter sind Schmuckschachteln für deine Lieblingsaccessoires. Hierfür schneidest du die Haarteile aus Tonkarton aus und klebst sie auf die Schachtel. Um die Zöpfe anzubringen prickelst du, wie auf der Vorlage eingezeichnet, Löcher in die Deckel. Pro Loch fädelst du sechs ca. 20 cm lange Wollfäden ein und flichst sie für das blonde Mädchen zu einem Zopf. Die Enden fixierst du mit einer Pilzspange. Das schwarzhaarige Mädchen erhält offene Haare mit zwei Blumen, die aufgeklebt werden.
Klebe die Klebepunkte als Augen auf und male die Pupillen und Wimpern sowie die Nase mit einem schwarzen Filzstift auf. Der Mund wird mit einem roten Filzstift gemalt. Die Wangen reibst du mit einem Buntstift auf, wie auf Seite 14 beschrieben.

Schweinchen

Material

- Tonkarton, A5: rosa
- Wolle: weiß, 2 x 40 cm lang
- Bürolocher
- Filzstift: schwarz
- Buntstift: rosa

Vorlage Seite 88

Fertige eine Schablone an (Beschreibung auf Seite 7) und bemale dann das Schweinchen. Jetzt lochst du die eingezeichneten Löcher aus und fädelst zwei Wollfäden ein, die du zur Schleife bindest.

Bauernhof-Murmelspiel

Zuerst bemalst du die Außenwände des Schuhkartons mit dunkelblauer Fingerfarbe, dann drehst du die Öffnung nach unten und malst etwas später die Pflanzen auf. Während der Schuhkarton trocknet, fertigst du Schablonen an, wie auf Seite 7 beschrieben ist. Für Dach und Fenster faltest du ein passendes Stück Tonkarton mittig und legst es auf die Faltkante an der Vorlage. Nach dem Ausschneiden klappst du die Teile auf.
Schneide alle Tiere aus Tonkarton aus und bemale sie. Stelle den Karton mit der Öffnung nach unten auf deinen Arbeitsplatz, halte die Tiere neben die Pflanzen und zeichne mit einem Bleistift die Beinöffnungen auf den Karton. Jetzt legst du die Tiere wieder zur Seite und schneidest die Öffnungen mit einer Nagelschere aus. Danach kannst du die Tiere über die Öffnungen kleben. Nun klebst du das Fenster, die Katze und die Maus auf das Dach und befestigst dieses mit Heißkleber an dem Karton.

Material

- Tonkarton, A3: rot
- Tonkarton, A5: dunkelrot, weiß, hellbraun, rosa
- Tonkartonrest: grau
- Filzstift: schwarz, orange, rot
- Buntstift: rosa
- Fingerfarbe: dunkelblau, hellgrün
- Bleistift
- Schuhkarton
- Nagelschere
- Heißkleber
- Pinsel
- Murmeln
- Wolle: schwarz

Vorlage Seite 88

Jetzt kann das Spiel losgehen: Stell den Bauernhof auf eine glatte Oberfläche. Abwechselnd versuchen die Spieler ihre fünf Murmeln durch Fingerschnipsen in die Löcher des Bauernhofes zu schießen. Wer die meisten Murmeln in die Löcher geschossen hat, hat gewonnen.

Idee

Du kannst das Murmelspiel auch als Mini-Hockeyspiel umwandeln, indem du deine Murmeln ca. 50 cm vor dem Murmelspiel platzierst und mit einem Bleistift so ankickst, dass sie in das Loch rollen.

Meine bunte Welt

Material

- Wellpappe, 25 cm x 40 cm: blau
- Wellpappereste: rot und blau mit weißen Pünktchen, grün, schwarz, weiß, gelb
- Tonkartonreste: weiß, hellblau, haut, gelb, schwarz, blau-weiß kariert, grün, pink, blau
- Tonpapier, A5: weiß
- Papierreste: rotes Maulbeerpapier, grünes Naturpapier, rotes, gelbes und rosafarbenes Seidenpapier, lila Krepppapier
- Seite aus Schulheft, kariert
- Knopf, ø 12 mm: rot
- 1 Wackelauge, ø 8 mm
- Kordel, 60 cm lang: gelb
- Rest Satinband: rot
- Buntstift: rot
- Filzstift: rot, schwarz, grün
- Nähgarn: weiß, Nähnadel
- Prickelnadel mit Unterlage
- Schaschlikstab
- Bürolocher
- Zackenschere

Vorlage Seite 86

Zuerst fertigst du dir Schablonen an. Dies ist auf Seite 7 beschrieben. Du kannst aber auch nach deiner eigenen Fantasie aus den Papierresten niedliche Figuren basteln.
Die Arme, die Haare des Mädchens, die Strahlen der Sonne und der Rabenschwanz werden aus Wellpappekringeln gestaltet. Hierfür wickelst du einen Wellpappestreifen straff um einen Schaschlikstab, sodass er sich einrollt. Dann wird der Streifen einfach losgelassen und abgenommen.
Klebe den Schnabel und den eingerollten Schwanz hinter den Rabenkörper. Dann erhält er noch ein Auge und seinen Aufhängefaden.
Binde den Mädchenkopf mit einem Faden an das Kleid. Nun werden die Haare, die Schleife und der Schal angebracht. Für die Schleife bindest du lila Krepppapier mit einem Faden zusammen. Die Beine faltest du zu Hexentreppen (die Anleitung für Hexentreppen findest du auf Seit 16 bei der Ufogirlande), klebst hier die Füße an und befestigst sie wie die Arme hinter dem Kleid. Jetzt fehlt nur noch die Blume. Sie entsteht, indem du gelbes Seidenpapier zu einer Kugel knüllst und die Blätter frei Hand reißt. Um den Hals knotest du ein Satinband.
Das Häuschen erhält ein Dach mit Schornstein. Das Fenster und die Blume prickelst du aus und klebst dann alles zusammen.
Für die Mappe faltest du die Wellpappe mittig. Loche sie auf beiden Seiten, ziehe eine gelbe Kordel als Verschluss ein und binde sie zu einer Schleife. Nun klebst du den Jungen zusammen. Arme, Beine und den Kopf klebst du hinter den ausgeprickelten Bauch. Füge die Füße an und klebe die Schleife auf. Der Knopf wird in die Bauchmitte geklebt und das

Schild, das du mit der Zackenschere ausgeschnitten hast, mit deinem Namen in seinen Arm.
Für die Sonne klebst du alle gerollten Strahlen aus Wellpappe gleichmäßig hinter den Kreis.

Zum Schluss malst du alle Gesichter auf, indem du die Münder mit einem roten und die Augen mit einem schwarzen Filzstift zeichnest. Für die Wangen reibst du eine Fingerkuppe in Anspitzerresten von rotem Buntstift und reibst die Farbe kreisend auf die Gesichter. Die Nasen der Figuren werden geknüllt und dann aufgeklebt (Anleitung für die Knülltechnik auf Seite 6).

LEON
Chromgelb hell-Light Chrome 600 06
Französischgrün-True Green 600-62
Fleischfarbe dunkel - Dark Flesh 600-30
POLYCOLOR
LYRA

Zum Schulanfang

Für das Krokodil, die Schlange und den Elefanten benötigst du Schablonen. Die Anleitung dafür findest du auf Seite 7.

Material

- Tonkarton, A4: grün
- Tonkarton, A5: hellblau, weiß
- Tonpapier, A5: gelb
- Tonpapierrest: rosa
- Wellpappe, A5: regenbogen
- Wackelaugen: 4 x ø 8 mm, 4 x ø 15 mm
- Buntstift: braun, grün
- 2 Papprollen (Toilettenpapier), 1 Papprolle (Küchenrolle)
- Fingerfarbe: grün
- Stein
- Filzrest: rot
- 4 Buntstifte
- Glitterknete: blau, rot, schwarz, orange
- 1 Wäscheklammer
- Küchenmesser

Vorlage Seite 87

Schlange

Gestalte das Schlangengesicht und befestige die eingeschnittene Zunge am Kopf. Damit du Zettel befestigen kannst, klebst du eine Wäscheklammer hinter den Kopf.

Krokodil

Zuerst malst du die Küchenrolle mit grüner Fingerfarbe an. Dann schneidest du Beine, Zähne, den Schwanz und die zwei Kopfteile aus Tonkarton aus.
Wenn die Fingerfarbe getrocknet ist, werden die Löcher für die Buntstifte in den Krokodilrücken gebohrt. Bitte einen Erwachsenen, dass er die Löcher mit einer Bohrmaschine bohrt. Ansonsten geht es auch mit einem scharfen Messer. Auf der inneren Unterseite der Rolle wird eine Knetstange befestigt, so rutschen die eingesteckten Buntstifte nicht zur Seite. Jetzt klebst du die Beine und den Schwanz an den Krokodilkörper. Dann bemalst du das Gesicht und klebst die Wackelaugen auf. Knicke die Zähne an der Faltkante und klebe sie unter eine Gesichthälfte. Auf die untere Gesichtshälfte wird die Zunge geklebt. Jetzt kannst du beide Teile an die Küchenrolle kleben und die Stift einstecken.

Elefant

Das Regenbogenpapier wird um die Toilettenpapierrolle geklebt. Dann klebst du den Rüssel und die Wackelaugen auf. Beklebe die Ohren mit den rosa Innenohren, schneide sie ein und stecke sie dann auf die Toilettenpapierrolle.

Giraffe

Rolle die Knete zwischen den Handflächen zu einer ovalen Kugel. Schneide mit einem Messer vorne den Mund ein und drücke die Zunge ein. Dann werden die Ohren, die aus kleinen Dreiecken geformt und mit einem Buntstift eingedrückt sind, am Kopf befestigst. Zum Schluss bringst du die Haare und die Hörner an.

TIPP
Du kannst den Giraffenkopf auch aus FIMO® kneten.
Dann wird er im Backofen 30 Minuten bei 130°C gehärtet. Vergiss nicht, vorher mit einem Stift ein Loch einzustechen.

Auf das gelbe Tonpapier reibst du kleine Kreise aus Anspitzerresten eines braunen Buntstiftes. Dann wird es um eine Toilettenpapierrolle geklebt. Bringe gemäß der Abbildung mit einem spitzen Stift Löcher an. Steche vier ca. 10 cm lange Buntstifte als Beine und einen Buntstift als Hals in den Körper und klebe sie fest. Dann formst du Kugeln aus Knete, die als Füße in die Buntstiftenden gedrückt werden. Zum Schluss steckst du den Giraffenkopf auf den Hals.

Bunte Kette aus Naturmaterialien

Material

- Starker Faden in Weiß
- Längere Nähnadel
- Wildrosenfrüchte oder Hagebutten
- Kiefernzapfen
- Verschiedene Blätter
- Getrocknete Paprikaschoten
- Holunderzweige, kleine Stücke
- Physialisblüten
- Maiskolbenscheiben und -blätter
- Erdnüsse
- Vogelbeeren
- Kastanien

Für die Naturkette fädelst du alle Materialien abwechselnd mit einer langen Nadel auf einen starken Faden. Anfang und Ende verknotest du gut.

Familientreffen

Um den Salzteig herzustellen rührst du alle Zutaten zu einem geschmeidigen Teig zusammen. Den Schnecken- und Schmetterlingskörper formst du aus Salzteig. Für den Schneckenkörper formst du eine Rolle, die du am Ende nach oben biegst. Der Schmetterling erhält einen länglichen Körper und eine Kugel als Kopf. Schneide mit einem Küchenmesser leichte Linien auf seinen Körper und piekse jeder Figur zwei Löcher in den Kopf, damit du die Nelkenfühler später gut ankleben kannst.

Nun werden beide Figuren bei ca. 150°C im Backofen gebrannt, dabei lässt du den Schmetterling dunkelbraun werden. Ihm werden nach dem Abkühlen mit Wasserfarbe gelbe Streifen aufgemalt und Blätter als Flügel angeklebt. Auf die Schnecke klebst du das Haus. Die Nelken klebst du zum Schluss als Fühler auf.
Die Familienmitglieder bekommen alle einen Kopf aus Mohnkapseln. Klebe eine Beere als Nase und Islandmoos als Haare und Bart auf. Den Mund und die Augen malst du einfach mit Filzstift auf. Dann klebst du die Köpfe mit Heißkleber auf die Zapfen und auf den Apfel. Lass dir dabei von einem Erwachsenen helfen.
Nun reißt du aus Naturpapier die Mäntel und den Schal aus. Die Reißtechnik ist auf Seite 7 beschrieben. Der Schal erhält noch aufgemalte, schwarze Punkte. Zum Schluss steckst du die Äste als Arme ein und stichst dem Apfelmännchen Nelken als Knöpfe ein.
Die Naturfamilie sieht sehr hübsch aus, wenn du sie auf Moos dekorierst.

Material

- 4 spitze Blätter
- 1 Tannen- und Kiefernzapfen
- 1 Apfel
- 3 Mohnkapseln
- 3 Vogelbeeren
- 7 Nelken
- 1 Schneckenhaus
- Zweige
- Islandmoos
- Waldmoos
- Filzstift: schwarz, rot
- Naturpapierrest: gelb, rot, weiß
- Wasserfarbe: gelb
- Pinsel
- Für Salzteig: 2 Tassen Mehl, 2 Tassen Salz, 1 Tasse Wasser
- Heißkleber
- Küchenmesser

Vorlage Seite 9

Igelpärchen

Material

- Naturpapier, A4: braun, beige
- Fingerfarbe: braun
- Filzstift: schwarz
- Pinsel
- Schere

Bemale die Innenfläche einer Hand mit Fingerfarbe und drucke sie mit etwas gespreizten Fingern auf das Naturpapier. Nach dem Trocknen malst du zuerst ein Gesicht mit Filzstift auf und schneidest dann die Hand in Form eines Igels aus.

Tipp

Besonders hübsch sieht es aus, wenn du nach links und rechts schauende Igel druckst. Du kannst sie zusammen mit gesammelten Blättern an deine Fensterscheibe kleben.

Lustige Herbstboten

Das Apfellicht ist sehr leicht nachzuarbeiten. Hierfür reißt du rotes Transparentpapier in kleine Stücke, bestreichst es mit wenig Kleister und beklebst damit das Marmeladenglas vollständig. Nach dem Trocknen fügst du die Blätter, den Stiel und den gelben Apfelfleck an. Nun wird die Raupe mit einem Gesicht bemalt und mit einer Nase aus geknülltem Seidenpapier beklebt. Die Fühler entstehen, indem du den Draht straff um einen Schaschlikstab wickelst, ihn wieder abziehst und hinter den Kopf klebst. Dann kannst du die fertige Raupe auf das Apfellicht kleben.

Für den Drachen und das Eichhörnchen fertigst du Schablonen an. Dies ist auf Seite 7 beschrieben. Die Transparentpapierstücke legst du in der Mitte zusammen und bindest sie mit etwas Bast zu einer Schleife zusammen. Für den Schwanz werden sie alle 2 cm an ein ca. 8 cm langes Stück Bast geknotet, welches du dann an den Drachen klebst. Vier Schleifen klebst du auf den Kopf. Male nun die Augen und klebe sie sowie die Nase auf den Drachenkopf. Jetzt werden noch die Wimpern, die Augenbrauen und der Mund mit Filzstift aufgemalt.

Das Eichhörnchen kannst du schön als Dekoration für einen gedeckten Herbsttisch verwenden. Bemale die Papprolle mit brauner Fingerfarbe. Lass die Farbe trocknen und beklebe den Schwanz mit Filz. Nun werden die bemalte Schnauze, das Auge und das Innenohr auf den Kopf geklebt. Übertrage anschließend die Bemalung. Jetzt wird die Rolle mit Steckmoos gefüllt, hinter den Körper geklebt und mit Kornähren dekoriert.

Material

Drachen

- Tonkarton, A5: grün
- Tonkartonreste: rot, weiß
- Transparentpapier, A5: gelb, lila
- Bast: natur

Eichhörnchen

- Tonkarton, A4: braun
- Tonkartonreste: beige, schwarz, weiß
- Filz, 10 cm x 13 cm: dunkelbraun
- Ähren
- Steckmoos
- Pinsel
- Fingerfarbe: braun
- Papprolle (Toilettenpapier)

Apfellicht

- Tonkartonreste: hellgrün, grün, braun
- Transparentpapier, A3: rot
- Marmeladengla
- Teelicht
- Kleister
- Seidenpapier: r
- Draht, ø 1 mm, 2 x 6 cm lang: schwarz
- Schaschlikstab

Für alle Modell

- Filzstift: schwar hellblau
- Buntstift: orang

Vorlagen Seite 89

Spiel mit der kleinen Hexe!

Material

- Tonkarton, A5: schwarz, rot, haut, braun
- Tonkartonreste: lila, weiß, gelb, grau
- Motivlocher: kleiner Stern
- Pfeifenputzer, je Wurm ca. 15 cm lang: gelb, grün, rot, schwarz
- Filzstift: schwarz, hellblau
- Buntstift: orange
- Würfel
- Runder Bleistift

Vorlage Seite 92

Auf Seite 7 kannst du nachlesen, wie du Schablonen anfertigst. Der Kopf und die Hände werden hinter das grüne Kleid geklebt. Nun klebst du die Haare hinter den Kopf und setzt der Hexe den Hut mit der Krempe auf. Dann kannst du das Gesicht gestalten. Die ausgestanzten Sterne bringst du auf dem Kleid an und klebst dann die Hexe hinter ihren Hexenkessel. Nun formst du die bunten Würmer, indem du ein Stück Pfeifenputzer um einen runden Stift wickelst und ihn dann wieder abziehst.

Und so funktioniert das Hexenspiel

Jede/r Spieler/in erhält drei Würmer. Es wird der Reihe nach gewürfelt. Wer eine 1 oder eine 3 würfelt, darf einen Wurm auf den Kessel legen. Bei einer 6 werden alle Würmer wieder zurück an die Mitspieler gegeben. Gewinner ist, wer zuerst seine Würmer auf dem Kessel liegen hat.

Zauberer-spiel

Klebe zuerst den Filz mit einem Klebestift auf Tonkarton. Nun malst du die Schablonen auf die Tonkartonseite auf und schneidest die Hände und den Kopf aus. Hinter den Mantel klebst du den Kopf. Füge dann die Haare mit der Mütze an. Nun ergänzt du den großen Bart. Hinter den Schnauzer klebst du den bemalten Mund und klebst ihn dann auf den Bart. Die Pomponnase ankleben und die Augen anbringen. Jetzt lochst du viele Sterne aus und klebst sie auf den Zaubererhut und Mantel. In die Hand bekommt er den Zauberstab.

Umhülle die Quarkdose mit Seidenpapier und klebe den Zauberer hinein. Als Beine faltest du zwei Hexentreppen aus rotem Tonkarton (siehe Seite 16), klebst die Schuhe darauf und bringst sie dann am Körper an.

Spielregeln

Jeder Spieler versucht der Reihe nach seine aus 6 cm x 6 cm großen Stücken Seidenpapier geknüllten Kugeln in die Dose zu werfen. Wer zuerst seine Kugeln in der Dose hat, hat gewonnen.

Material

- Tonkarton, A4: weiß, blau
- Tonkartonreste: gelb, schwarz
- Hologrammpapierrest: silber
- Filz, A4: blau
- Filz, A5: weiß, haut
- Filzstift: schwarz, rot
- 2 Wackelaugen, oval: ø 12 mm
- 1 Pompon, ø 1,5 cm: rot
- Motivlocher: kleiner Stern
- Leere 500 g-Quarkschachtel
- Seidenpapier, 2 Bogen: hellgrün, 1 Bogen: gelb
- Klebestift

Vorlage Seite 92

Schwungvolle Monster

Material

- Tonkarton, A5: grün, lila, schwarz, weiß
- Tonkartonreste: orange, rot
- Filz, A5: lila, grün, orange
- 3 Bierdeckel, ø 10 cm
- Filzstift: schwarz
- Je 2 Pfeifenputzer, ca. 20 cm lang: schwarz, grün, lila, rot, orange, gelb
- Je 2 Wattekugeln, ca. ø 15 cm: grün, weiß
- Zugfeder, 20 cm lang
- Nähgarn: weiß, Nähnadel

Vorlage Seite 91

Tipp

Wenn du einem Monster ein grünes und ein blaues Auge aufklebst, sieht es noch witziger aus.

Zuerst werden die Bierdeckel mit den bunten Tonkartonkreisen überklebt. Bereite die Haare vor, indem du den Filz in kleine Streifen einschneidest und danach mit etwas Nähgarn zusammenbindest.
Jetzt bemalst du die Augen, klebst die Nase mit Abstandsband am unteren Ende dahinter und fügst von oben die Haare an. Klebe das Gesicht so auf, das die Nase etwas lustig absteht. Der Mund wird etwas zusammengeschoben und nur an zwei Punkten festgeklebt.
Nun bekommen die Monster ihre Arme und Beine. Die Pfeifenputzer wickelst du dazu locker um einen Finger, ziehst sie wieder ab und klebst sie hinter die Monsterkörper. Das grüne Monster bekommt noch bunte Wattekugeln als Hände und Füße aufgeklebt. Stecke die Kugeln dazu auf die Enden der Pfeifenputzer.
Du kannst eine Zugfeder hinter den Monstern anbringen. Auf dem Foto hat das mittlere Monster eine bekommen, so kann es lustig von der Decke schaukeln.

Gruseliges zu Halloween

Material

- Tonkarton, A3: weiß
- Tonkarton, A4: orange
- Tonkartonrest: grün, rot
- Wellpapperest: grün
- Extra starkes Transparentpapier, pro Laterne A3: orange, gelb, orange gestreift
- 1 Pompon, ø 1 cm: rot
- Filzstift: schwarz
- Buntstift: rot
- Lackstift: weiß
- Käseschachtel
- Wasserfarbe: schwarz, weiß
- Wattestäbchen
- Zackenschere

Vorlage Seite 90

Für die Basteleien zu Halloween benötigst du Schablonen, die Anleitung dafür findest du auf Seite 7. Dort ist auch beschrieben, wie der Fingerdruck funktioniert.
Für die kleine Spinnen-Tischkarte faltest du orangefarbenen Tonkarton (9,5 cm x 12 cm) in der Mitte und druckst die Spinnen mit Fingerdruck auf. Wenn deine Spinnen getrocknet sind, malst du die Beine mit schwarzem Filzstift auf. Die Augen werden mit einem Wattestäbchen gestaltet, indem du das Stäbchen in weiße Wasserfarbe tupfst und damit die Augen auf die Spinnen druckst. Nach dem Trocknen malst du die Pupillen mit schwarzem Filzstift und schreibst den Namen deines Gastes auf die Karte.

Für die Kürbis-Tischkarte faltest du ein Stück Tonkarton mittig. Sie erhält einen Stiel aus gekringelter Wellpappe (siehe Seite 48) und ein Batt. Male den Mund und die Augen mit Filzstift und die Wangen mit Buntstift. Jetzt klebst du den Pompon als Nase auf und schon ist die Tischkarte fertig zum Beschriften.
Die beiden Laternen sind aus festem Transparentpapier und leuchten sehr schön. Für die dreilagige Laterne schneidest du drei unterschiedlich hohe Laternenteile aus gestreiftem, orangefarbenem und gelbem Transparentpapier aus. Die oberen Ränder schneidest du zackenförmig ein und klebst die unteren Ränder nacheinander um eine Käseschachtel.
Die zugeschnittene Spinnenlaterne (der obere Rand wird mit der Zackenschere geschnitten) bedruckst du mit dem Fingerdruck. Nach dem Trocknen klebst du die Laterne um eine Käseschachtel und klebst das fertige Gespenst dahinter.

Tipp

Das Gespenst kannst du auch als Fensterbild aufhängen.

MICHAEL

Nikolaus, komm in unser Haus!

Material

- Tonkarton, A3: rot
- Tonkarton, A4: weiß, grün, orange
- Filz, A5: braun
- Seidenpapier, A3: rot
- Etwas Watte
- 2 Wackelaugen, ø 15 mm
- 1 Pompon, ø 1 cm: rot
- Buntstift: haut, orange
- Filzstift: schwarz
- Leere 500g-Quarkschachtel
- Heißkleber

Vorlagen Seite 93

Für die Nikolaus-Basteleien benötigst du Schablonen. Die Anleitung dafür findest du auf Seite 7.
Zuerst bemalst du die Orangen und die Herzen mit Filz- und Buntstift. Die Tannenzweige sehen natürlicher aus, wenn du die einzelnen Nadeln einschneidest.

Für den Stiefel klebst du die Herzen auf die Grundform. Die Orange und den Tannenzweig klebst du hinter den Stiefel. Forme einen Rand aus Watte und klebe ihn oben auf den Stiefel. Nun kannst du das Fensterbild mit Faden oder Klebefilm an der Fensterscheibe befestigen.
Die Motive eignen sich auch gut als Tischdekoration. Hierfür klebst du eine Orange hinter einen Tannenzweig. Das Herz wird von vorne angebracht. Diese Dekoration kannst du für jeden Gast mit seinem Namen beschriften und zusammen mit ein paar Nüssen auf seinem Teller dekorieren.
In der Nikolausschale kannst du kleine Geschenke unterbringen. Zuerst malst du das Gesicht mit hautfarbenem Buntstift auf. Dann werden die Wackelaugen, der Bommel als Nase und der Bart aus Watte angeklebt. Klebe das Gesicht auf den Körper und ergänze den Bommel aus Watte.
Für die Schale umwickelst du den Quarkbecher mit Seidenpapier. An eine Längsseite klebst du den auf Tonkarton geklebten Filz auf. Auf der Rückseite wird der Nikolaus mit Heißkleber befestigt. Bitte hierzu einen Erwachsenen dir zu helfen.

Idee

Den Nikolausstiefel kannst du ohne die Herzen auch schön als Wunschzettel mit deinen Weihnachtswünschen bemalen oder beschriften.

Fest bei den Elchen

Material

- Tonkarton, 50 cm x 70 cm: beige
- Tonkarton, A4: braun, hellbraun, rot, grün
- Tonkartonrest: gelb
- Heißkleber
- Holzwäscheklammern
- 2 Wackelaugen: ø 20 mm
- Seidenpapier, A4: rot
- Dicker Filzstift: schwarz
- Buntstift: orange
- Wasserfester Stift: silber
- Juteband, 6 cm breit, 52 cm lang: natur
- Motivlocher: kleiner Stern
- Satinband

Vorlage Seite 95/96

Postkartenhalter

Der große Elchkopf wird wie die kleinen, rechts beschriebenen Köpfe gebastelt. Bitte einen Erwachsenen das Juteband mit Heißkleber hinter den Kopf zu kleben. Dahinter befestigst du den Tonkartonstreifen mit Klebestift. Nun kannst du die Wäscheklammern mit ausgestanzten Sternen schmücken und deine Weihnachtspost anbringen.
Die Karten (22 cm x 16 cm) knicken und das Rechteck (9 cm x 14 cm) aufkleben. Die grüne Karte erhält einen Elchkopf aus Tonkarton, die rote einen silbernen Elch. Hierfür umrandest du die Elch-Schablone mit einem Bleistift und ziehst die Linien mit dem Silberstift nach.

Tischdekoration

Für die gezeigten Motive benötigst du Schablonen. Wie diese gemacht werden, ist auf Seite 7 beschrieben. Gestalte für die Tischdekoration zuerst die kleinen Elchköpfe, indem du die Wackelaugen aufklebst. Sie erhalten eine Nase aus geknülltem Seidenpapier. Dann werden die Haare, der Mund und die Wangen aufgemalt. Nun klebst du das Geweih hinter die Köpfe und schon sind die Elche fertig.
Das Namensschild aus grünem Tonkarton und die rote Karte als Anhänger (12 cm x 9 cm) werden mittig gefaltet. Dann klebst du einen Elchkopf an die Oberkante. Die rote Karte bekommt mit dem Bürolocher ein Loch, durch das du Satinband ziehen kannst.
Für den Serviettenring klebst du ein 4 cm x 16 cm großes Stück grünen Tonkarton zu einem Kreis zusammen. Darauf klebst du einen Elchkopf.
Für die Verpackung klebst du an die Längsseiten eines 18 cm breiten und 30 cm langen Stücks grünen Tonkarton ein 15 cm breites und 30 cm langes Stück rotes Seidenpapier. Bemale den Tonkarton mit silbernen Punkten. Klebe alles zu einer Rolle zusammen, leg ein Geschenk hinein und binde die Enden mit Satinband zu.

Material

- Tonkarton, A3: braun, grün
- Tonkarton, A4: hellbraun, rot
- Seidenpapier: rot
- 6 Wackelaugen, ø 10 mm
- Dicker Filzstift: schwarz
- Wasserfester Stift: silber
- Buntstift: orange
- Satinband, 3 cm breit, 1,50 m lang: grün
- Bürolocher

Vorlage Seite 95/96

Kerzen für die Weihnachtszeit

Material

- Tonkarton, A5: rot, gold
- Wellpapperest: gold
- Kerzen-Pen: gold
- Fun-Liner: goldglitter
- 1 Kugelkerze, ø 8 cm: rot, 1 Stabkerze, 23 cm hoch: rot
- 1 Teelicht
- Heißkleber
- Kugelschreiber

Vorlagen Seite 94

Zuerst bemalst du die Kerzen frei Hand mit einem goldenen Kerzenpen. Die lange rote Kerze erhält Tupfen, die Kugelkerze Kringel. Dann schneidest du einen 25 cm langen und 3,5 cm breiten Streifen aus goldener Wellpappe aus. Drehe ihn um die lange Kerze und klebe das Ende an. Dann wird er mit Heißkleber von einem Erwachsenen auf dem Stern befestigt. Den Sternenrand mit einer Fun-Liner Linie verzieren. Das Teelicht umklebst du mit einem Streifen (2 cm x 13 cm) Wellpappe und klebst es auf den roten Stern, den du mit Punkten verzierst.

Glitzernder Christbaumschmuck

Um den Christbaumschmuck zu gestalten benötigst du Schablonen. Die Anleitung dafür findest du auf Seite 7.
Schon vor dem Ausschneiden werden alle Motivteile mit dem Fun-Liner verziert. Tupfe die Punkte leicht auf die Motive und ziehe die Linien an den Rändern. Nach dem Trocknen kannst du die Motive ausschneiden.
Klebe die kleinen Sterne auf die großen. Auf den Tannenbaum klebst du ein Herz. Die Glocke bekommt eine Schleife. Klebe den bemalten Kopf an den Körper des Engels, lege ihm den mit der Zackenschere ausgeschnittenen Kragen um den Hals und klebe ihn hinten zusammen. Jetzt klebst du das Engelshaar auf. Die Arme aus schmalen Wellpappestreifen und die Federn werden hinter dem Körper angebracht. Nun bekommt der Engel noch ein kleines Herz in die Hände.
Bitte einen Erwachsenen dir bei der Aufhängung zu helfen. Fädle den Christbaumschmuck mit einer Nadel auf einen goldenen Faden. Schiebe eine goldene Perle auf den Faden und verknote ihn am Ende. Jetzt kannst du euren Tannenbaum schmücken.

Material

- Tonkarton, A4: rot, blau, weiß, gold
- Tonpapierrest: gold
- Wellpapperest: gold
- Fun-Liner: goldglitter
- Goldfaden
- 6 Wachsperlen, ø 8 mm: gold
- 2 Federn: weiß
- Engelshaar: gold
- Filzstift: schwarz
- Buntstift: rot
- Zackenschere
- Nähnadel

Vorlagen Seite 94

Nikolaus-Karte

Material

- Tonkarton, A5: grün
- Tonkarton, A6: rot
- Tonkarton-rest: beige
- Watte
- 2 Wackel-augen, ø 10 mm
- 1 Pompon, ø 1,5 cm: rot

Vorlage Seite 95

Die Karte aus grünem Tonkarton (22 cm x 16 cm) faltest du in der Mitte. Auf den roten Körper klebst du das Gesicht und bestückst es mit Augen, Nase, Bart und Krempe.
Zum Schluss den Bommel aus Watte aufkleben und den Nikolaus auf die Karte kleben.

Dicke Weihnachtsmänner

Für alle Motive brauchst du Schablonen. Die Anleitung findest du auf Seite 7.
Male eine Styroporkugel mit brauner und eine mit schwarzer Fingerfarbe an. Nach dem Trocknen drehst du jeweils eine Schraube in die Kugel. Wenn du nun die Kugel anschubst, müsste sie sich immer wieder auf die Schraube stellen.
Dann klebst du den Nikolaus und den Tannenbaum zu einer Art Tüte zusammen.
Der Nikolaus erhält nun seine Pfeifenputzerarme, indem du an beiden Seiten mit einer Prickelnadel Löcher stichst, in die du den Pfeifenputzerarm schiebst.
Der große Nikolaus bekommt als Hände Holzkugeln, die du festklebst. Klebe das Gesicht mit den Wackelaugen und dem Pompon auf. Zum Schluss erhält er noch seinen Bart, die Augenbrauen, die Krempe und den Bommel aus Watte.
Mit dem Motivlocher werden viele Sterne ausgelocht und auf den Tannbaum geklebt. Klebe den Nikolaus und die Tanne mit Heißkleber auf die oberen Kugelhälften. Bitte einen Erwachsenen dir dabei zu helfen.
Der kleine Nikolaus ist ein Anhänger. Du bastelst ihn wie den großen Nikolaus. Er bekommt allerdings keine Styroporkugel, sondern einen Aufhängefaden. Diesen schiebst du, wenn der Nikolaus fertig gebastelt ist, aus dem Inneren der Tüte mithilfe einer Nadel durch den Bommel nach außen und knotest ihn unten fest.

Material

- Tonkarton, A3: rot
- Tonkarton, A5: haut
- Watte
- Je 2 Wackel-augen, oval, ø 10 mm und 8 mm
- 2 Pompons, ø 1,5 und 1 cm: rot
- 2 Holzkugeln, ø 1,5 cm: natur
- 2 Styroporkugel, ø 8 cm
- 2 Schrauben, 8 cm lang
- Fingerfarbe: braun, schwarz
- Motivlocher: kleiner und großer Stern
- Pfeifenputzer, ca. 30 cm lang: rot
- Satinband, 3 mm breit, 20 cm lang
- Heißkleber
- Pinsel
- Stopfnadel
- Prickelnadel

Vorlage Seite 95

Idee
Bevor du den großen Nikolaus und den Tannenbaum auf die Styroporkugel klebst, kannst du sie mit kleinen Glöckchen füllen, so können sie während des Schaukelns klingen.

Glücksbringer für das neue Jahr

Material

Schweinchen

- Tonpapier, 3 x A3: weiß
- Tonkarton, A5: rosa
- Seidenpapier, 3 x A2: rosa
- 6 Wackelaugen, oval, ø 15 m
- Filzstift: schwarz
- Buntstift: orange, rosa
- Pfeifenputzer, 3 x 25 cm lang: rosa
- Zeitungspapier
- Klebefilm
- Dicker Stift

Kleeblätter und Schornsteinfeger

- Tonkarton, A4: grün, schwarz
- Wasserfarbe: grün
- Zahnbürste, Sieb, Pinsel
- 3 Schaschlikstäbe
- Satinband, 5 mm breit, ca 15 cm lang: rot
- Prickelnadel
- 6 x 1 Cent
- Holz-Marienkäfer, 1 x ø 1,5 cm, 1 x ø 2,5 cm
- Fingerfarbe: grün
- Pinsel

Vorlagen Seite 96

Für die Basteleien benötigst du Schablonen. Wie du sie anfertigen kannst, ist auf Seite 7 beschrieben.
Pro Schweinchen nimmst du eine Doppelseite Zeitungspapier und knüllst diese zu einer Kugel. Dann werden die Kugeln mit einem Bogen weißen Tonpapier umkleidet. Zur Befestigung nimmst du kleine Klebestreifen. Dann wickelst du einen doppelten Bogen rosafarbenes Seidenpapier um die Kugeln. Wickle die Pfeifenputzer straff um einen dicken Stift, zieh sie wieder ab und klebe sie als Schwanz an. Jetzt werden die Ohren und die Schnauze bemalt und zusammen mit den Wackelaugen auf das Schweinchen geklebt.
Der Schornsteinfeger ist mit der Prickeltechnik gestaltet. Die Anleitung dazu findest du auf Seite 7. Binde eine Schleife aus dem Satinband und klebe sie an den Hals des Schornsteinfegers. Klebe noch die Münzen auf die Jacke. Damit der Schornsteinfeger im Blumentopf stehen kann, fixierst du auf seinem Rücken einen Schaschlikstab.

Die Kleeblätter sind mit der Spritztechnik gestaltet. Die Anleitung findest du auf Seite 7. Dann wird der Stängel hinter das Kleeblatt geklebt, hinter ihn klebst du noch einen Schaschlikstab, den du mit grüner Fingerfarbe bemalt hast. Zum Schluss werden die Geldstücke oder Marienkäfer auf dem Kleeblatt platziert.

Tipp

Verpacke doch ein kleines Geschenk zum neuen Jahr in ein Schweinchen und verschenke es!

Bunte Silvesterknaller

Material

- Tonkarton, A4: rot, blau, gelb
- Motivlocher: kleiner und großer Stern
- 2 leere Küchenrollen
- Hologrammpapier, A6: silber, gold
- Krepppapier: grün, rot, gelb, blau
- Fingerfarbe: gelb, rot
- Fun Liner: glitzergrün, -blau, -gold, -rot, -silber
- Pinsel

Vorlage Seite 96

Bemale die Küchenrolle zuerst mit Fingerfarbe und lass sie trocknen. Dann beklebst du die Raketen mit Sternen oder bemalst sie mit Fun-Liner. Ein 17 cm langes und 7 cm breites Stück Krepppapier als Raketenabschluss einkleben und dann das Krepppapier in ca. 2,5 cm breite und 30 cm lange, dünne Streifen schneiden und in die hintere Öffnung kleben. Die Spitze aus Hologrammpapier wird zusammengeklebt und auf die Rolle geklebt.

Vöglein kommt!

Seite 10/11

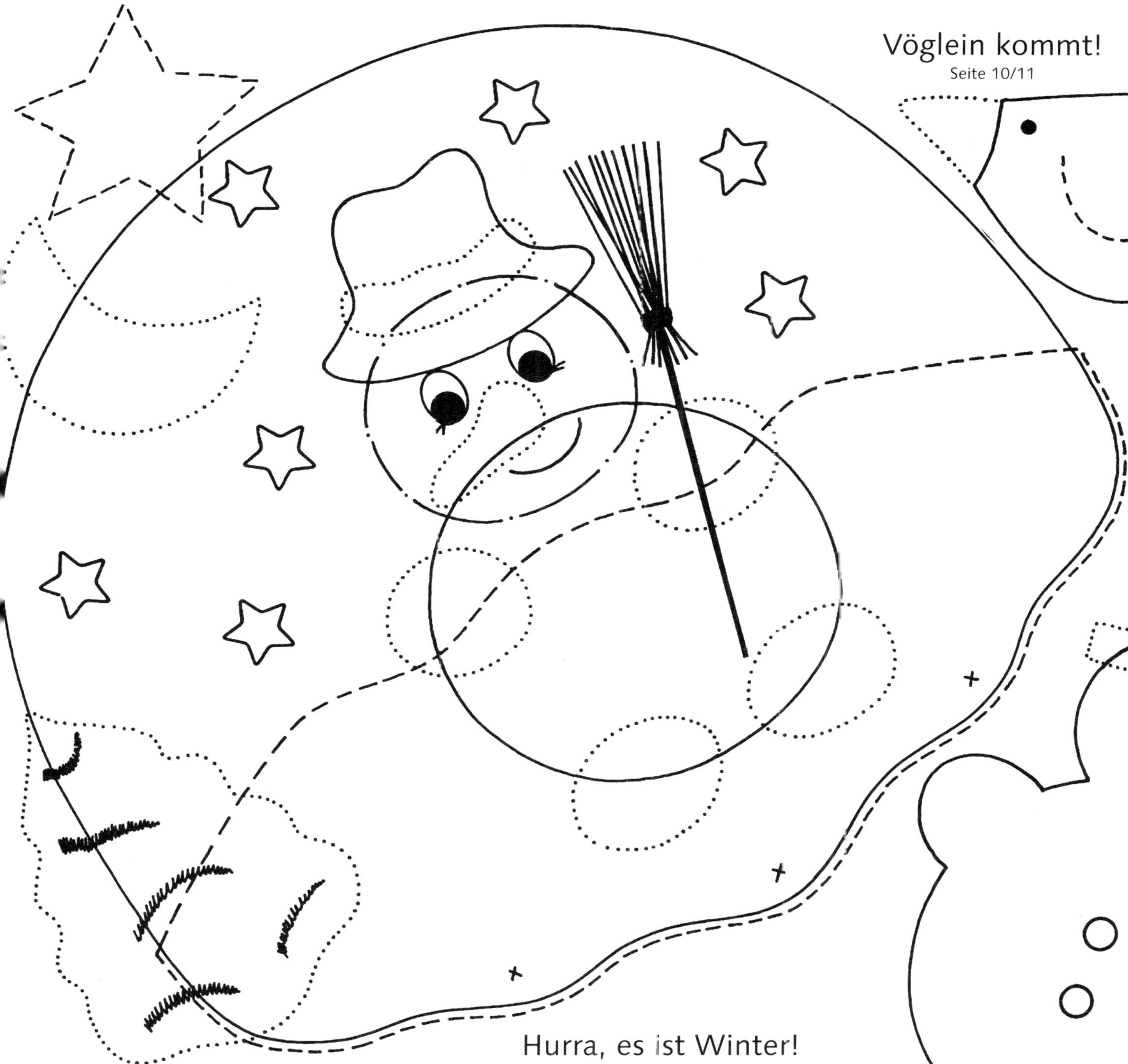

Hurra, es ist Winter!

Seite 13

Hampelmann Felix

Seite 14/15

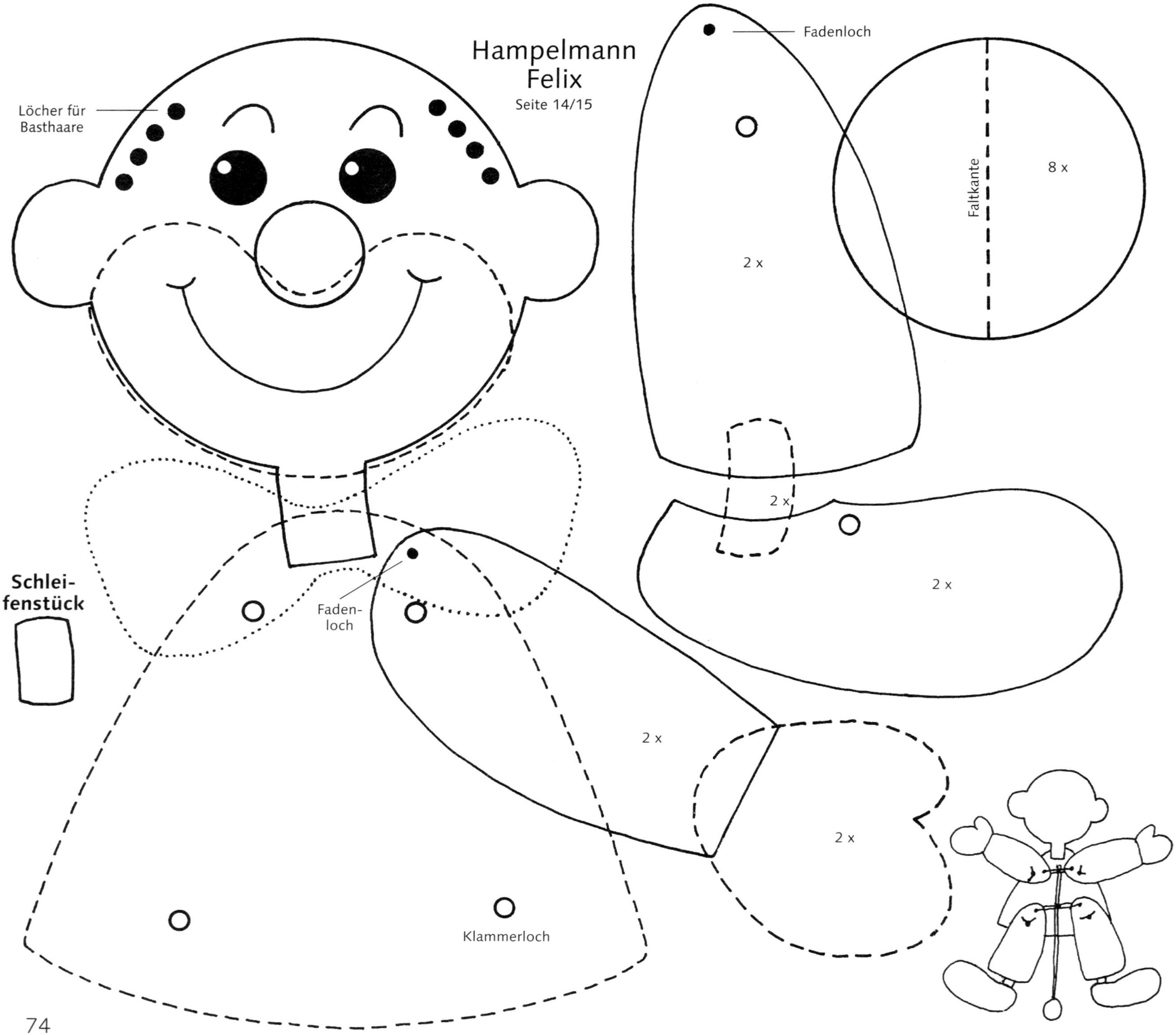

Karneval im Weltall

Seite 16/17

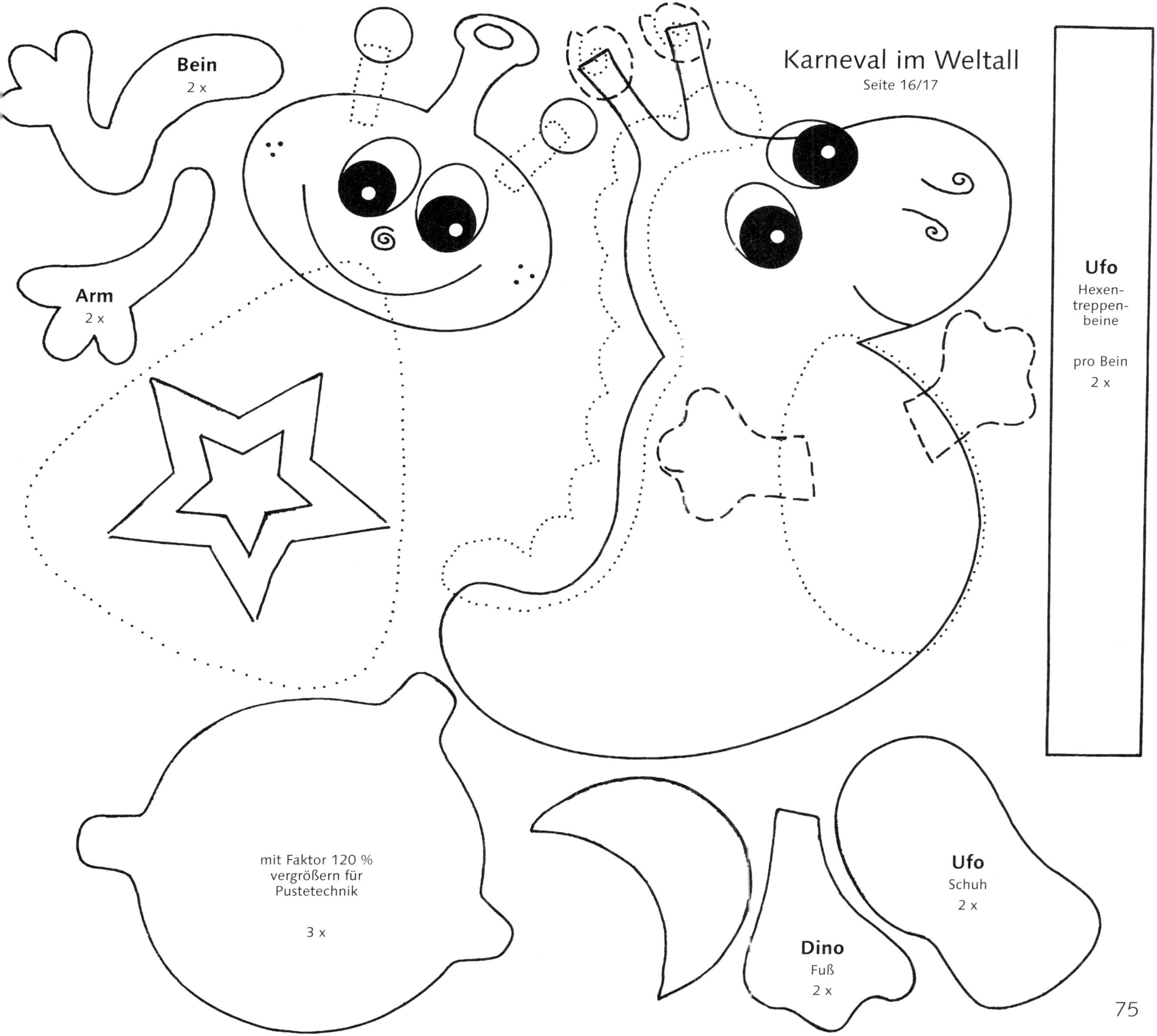

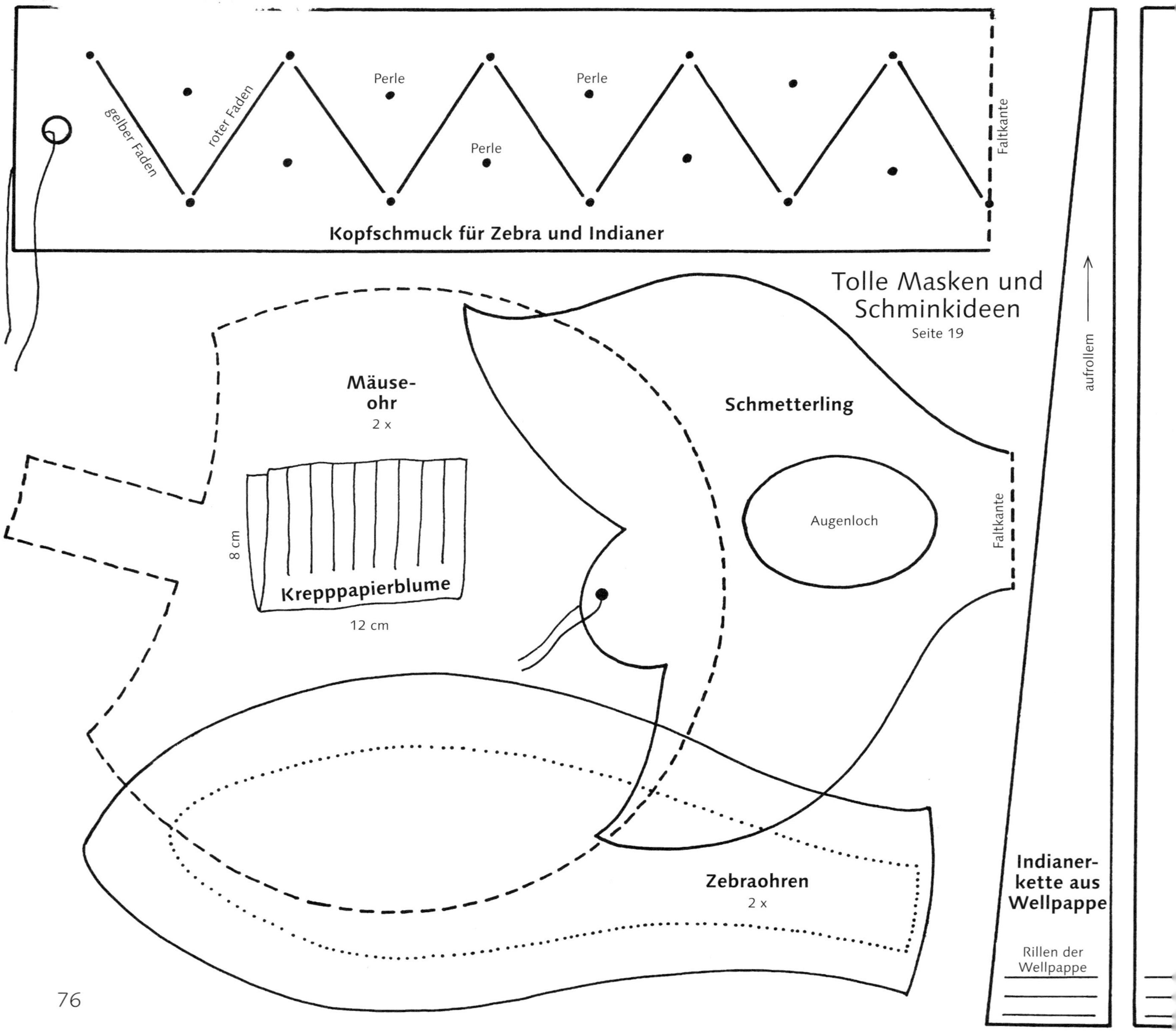
Kopfschmuck für Zebra und Indianer
gelber Faden
roter Faden
Perle
Perle
Perle
Faltkante
Tolle Masken und Schminkideen
Seite 19
Mäuse-ohr
2 x
Krepppapierblume
8 cm
12 cm
Schmetterling
Augenloch
Faltkante
Zebraohren
2 x
aufrollem
Indianer-kette aus Wellpappe
Rillen der Wellpappe

Kunterbuntes Fest

Seite 20/21

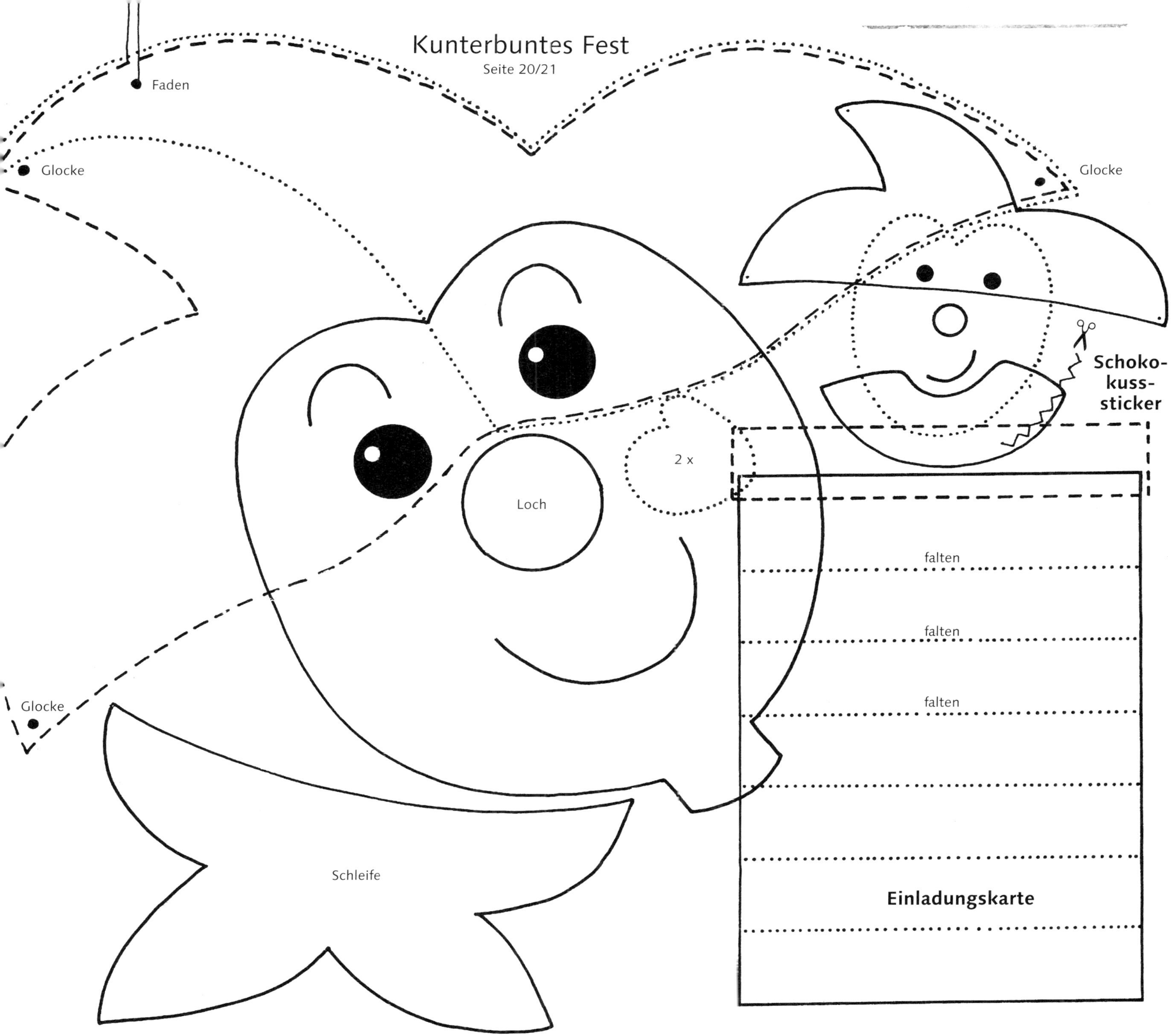

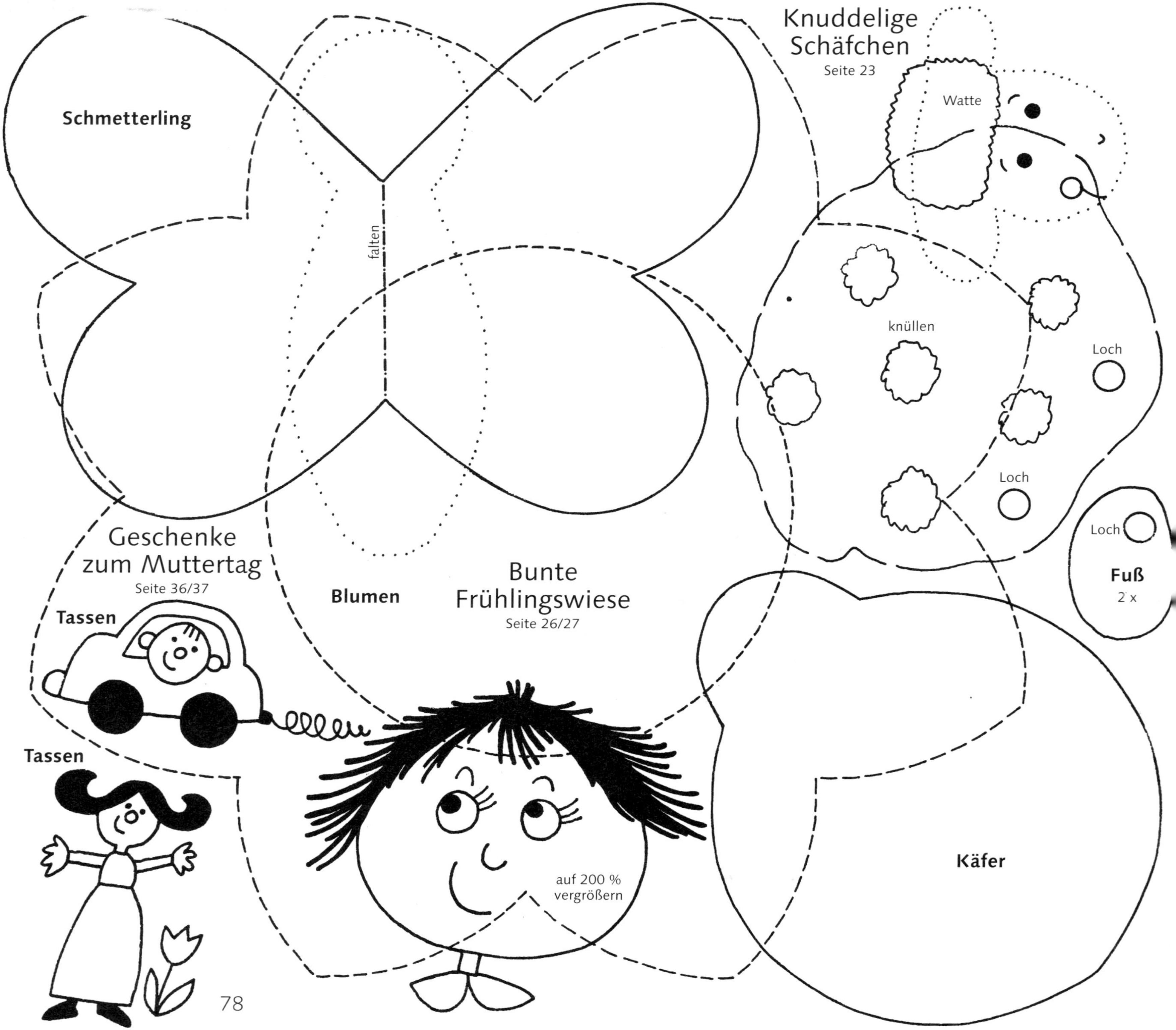
Schmetterling
falten
Knuddelige Schäfchen
Seite 23
Watte
knüllen
Loch
Loch
Loch
Fuß
2 x
Geschenke zum Muttertag
Seite 36/37
Tassen
Tassen
Blumen
Bunte Frühlingswiese
Seite 26/27
auf 200 % vergrößern
Käfer

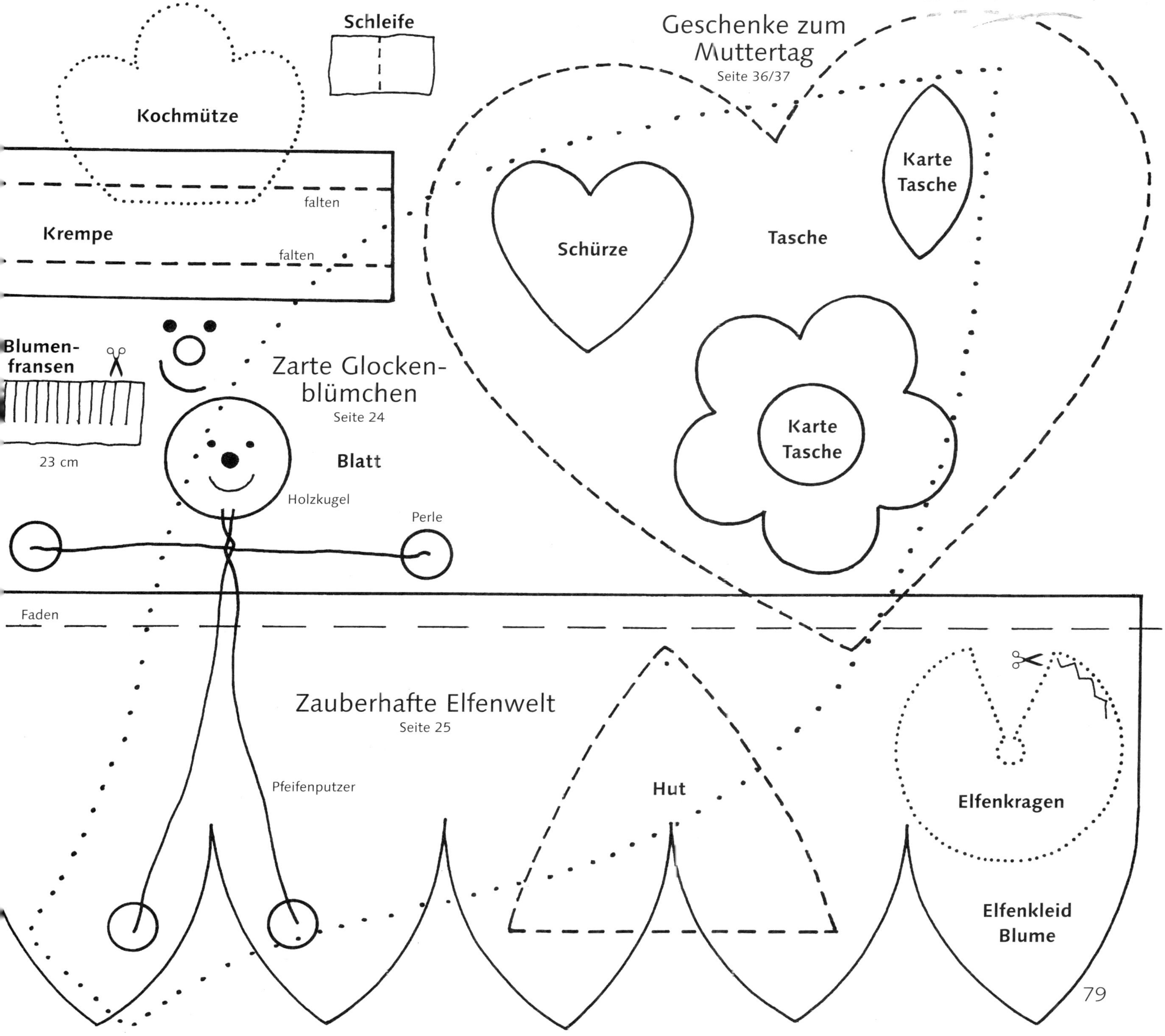
Schleife
Kochmütze
Krempe
falten
falten
Blumen-
fransen
23 cm
Geschenke zum Muttertag
Seite 36/37
Schürze
Tasche
Karte
Tasche
Karte
Tasche
Zarte Glocken-
blümchen
Seite 24
Blatt
Holzkugel
Perle
Faden
Zauberhafte Elfenwelt
Seite 25
Pfeifenputzer
Hut
Elfenkragen
Elfenkleid
Blume

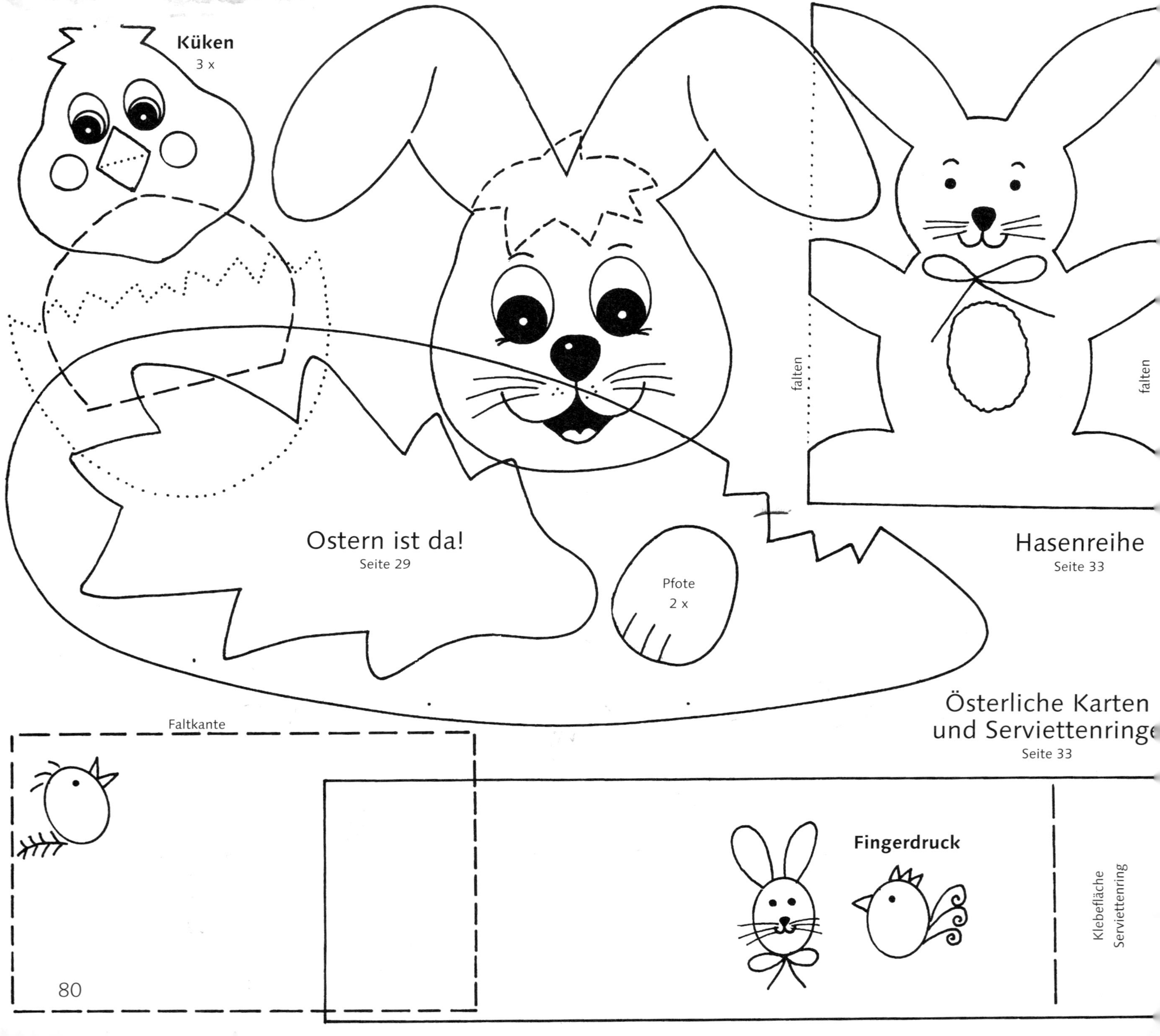
Küken
3 x
Ostern ist da!
Seite 29
Pfote
2 x
falten
falten
Hasenreihe
Seite 33
Österliche Karten
und Serviettenringe
Seite 33
Faltkante
Fingerdruck
Klebefläche
Serviettenring

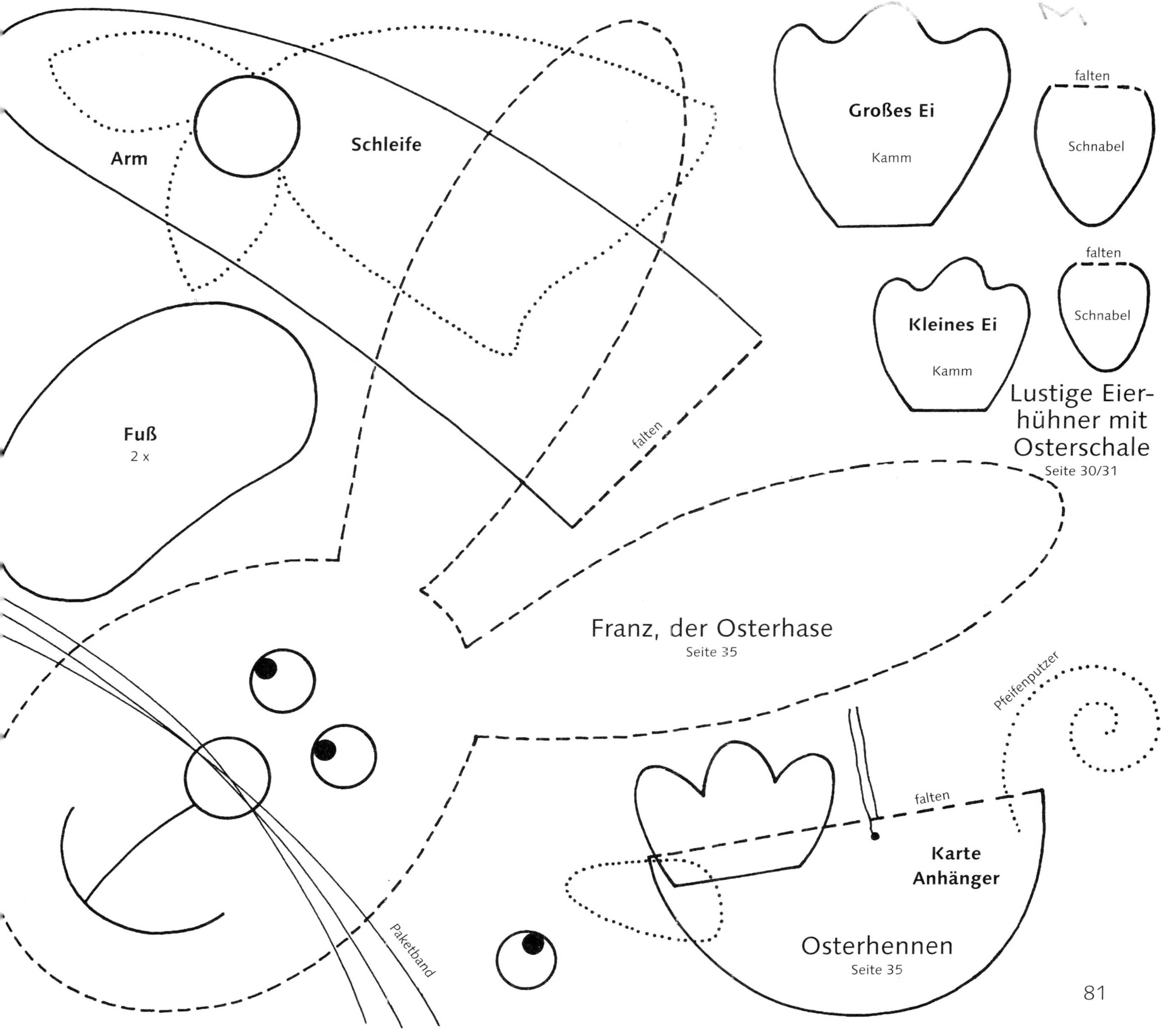

Lustige Eierhühner mit Osterschale
Seite 30/31

Franz, der Osterhase
Seite 35

Osterhennen
Seite 35

Zwei Freunde am Meer

Seite 38/39

Toller Schmuck und mehr

Seite 44/45

Zwei Freunde am Meer

Seite 38/39

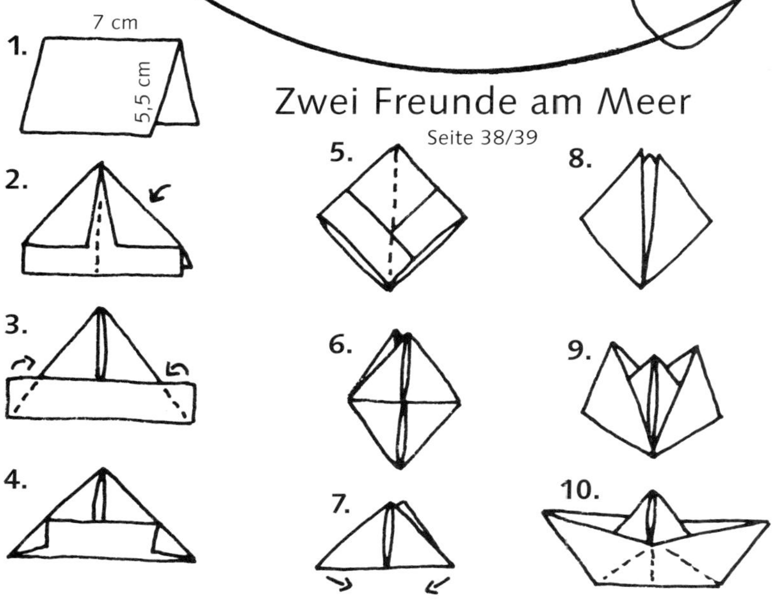

Treffen am Teich

Seite 22

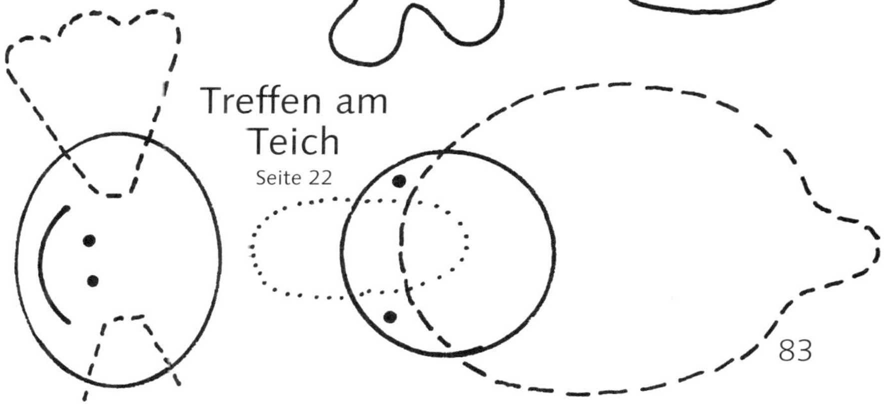

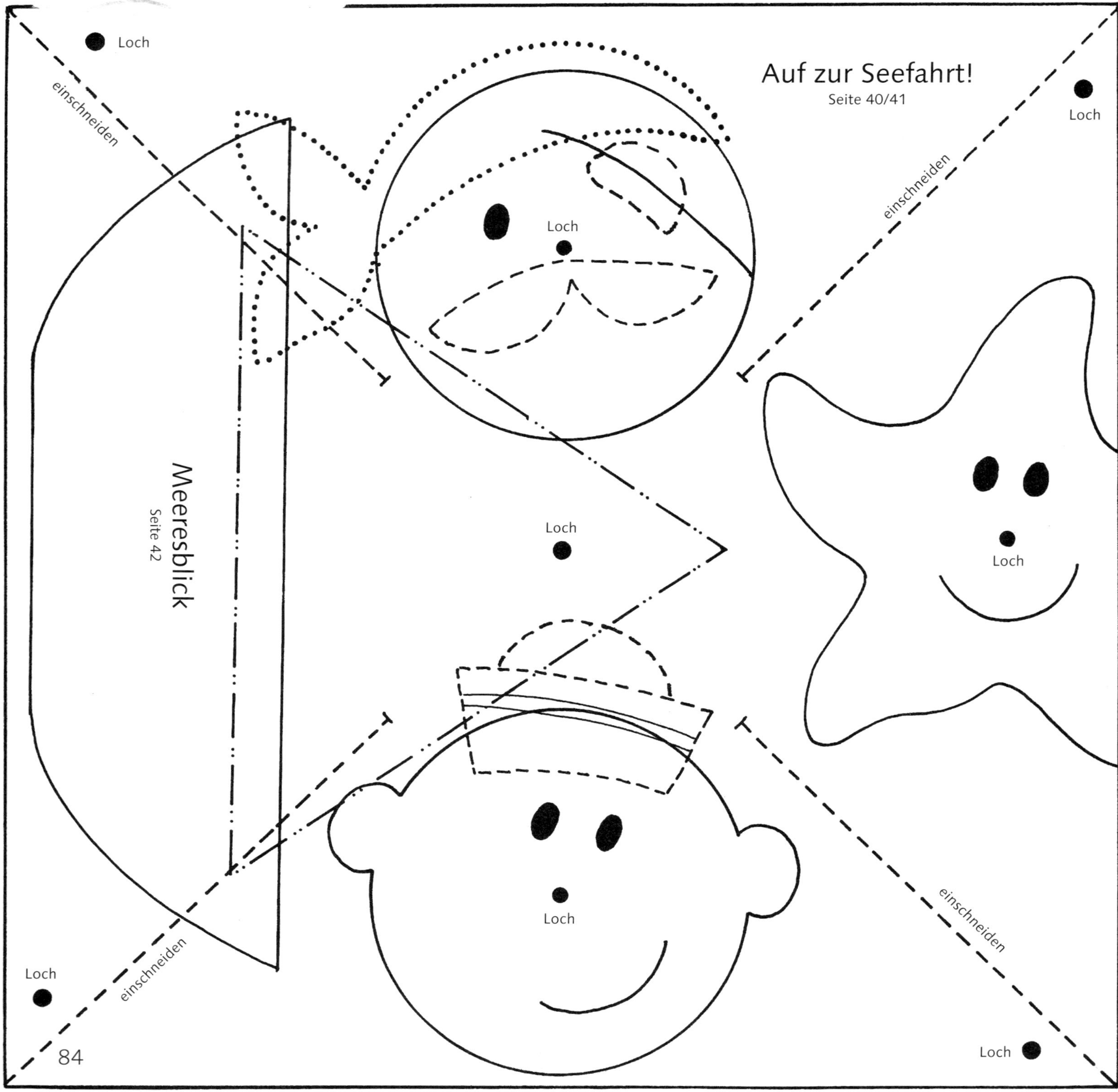
Auf zur Seefahrt!
Seite 40/41
Meeresblick
Seite 42
Loch
einschneiden

1.
2.
3.

Bunte Stranderinnerungen
Seite 43
Korken
Perle
Meeresblick
Seite 42
Korken
Muscheln

Meine bunte Welt

Seite 48/49

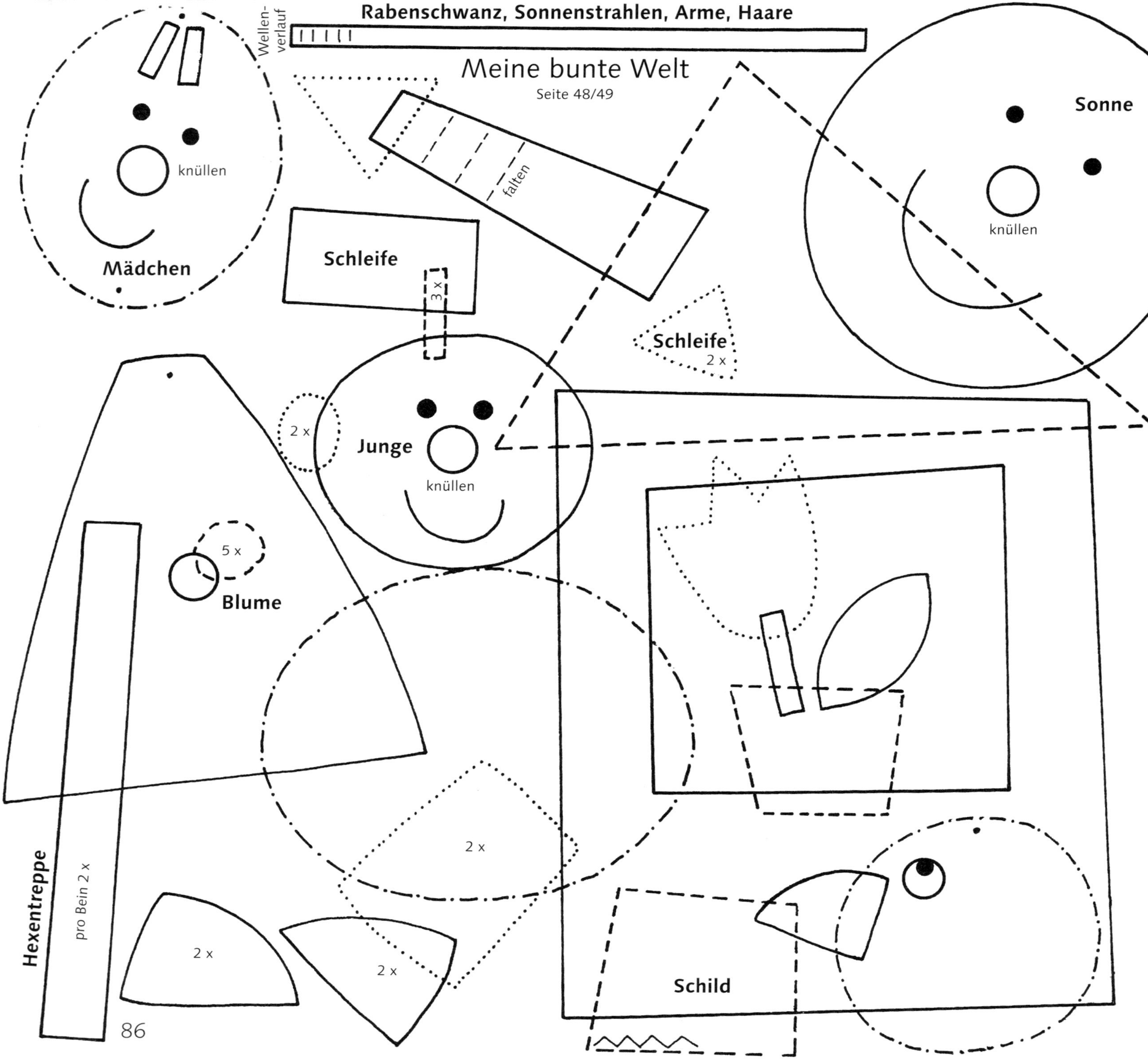

Zum Schulanfang

Seite 50/51

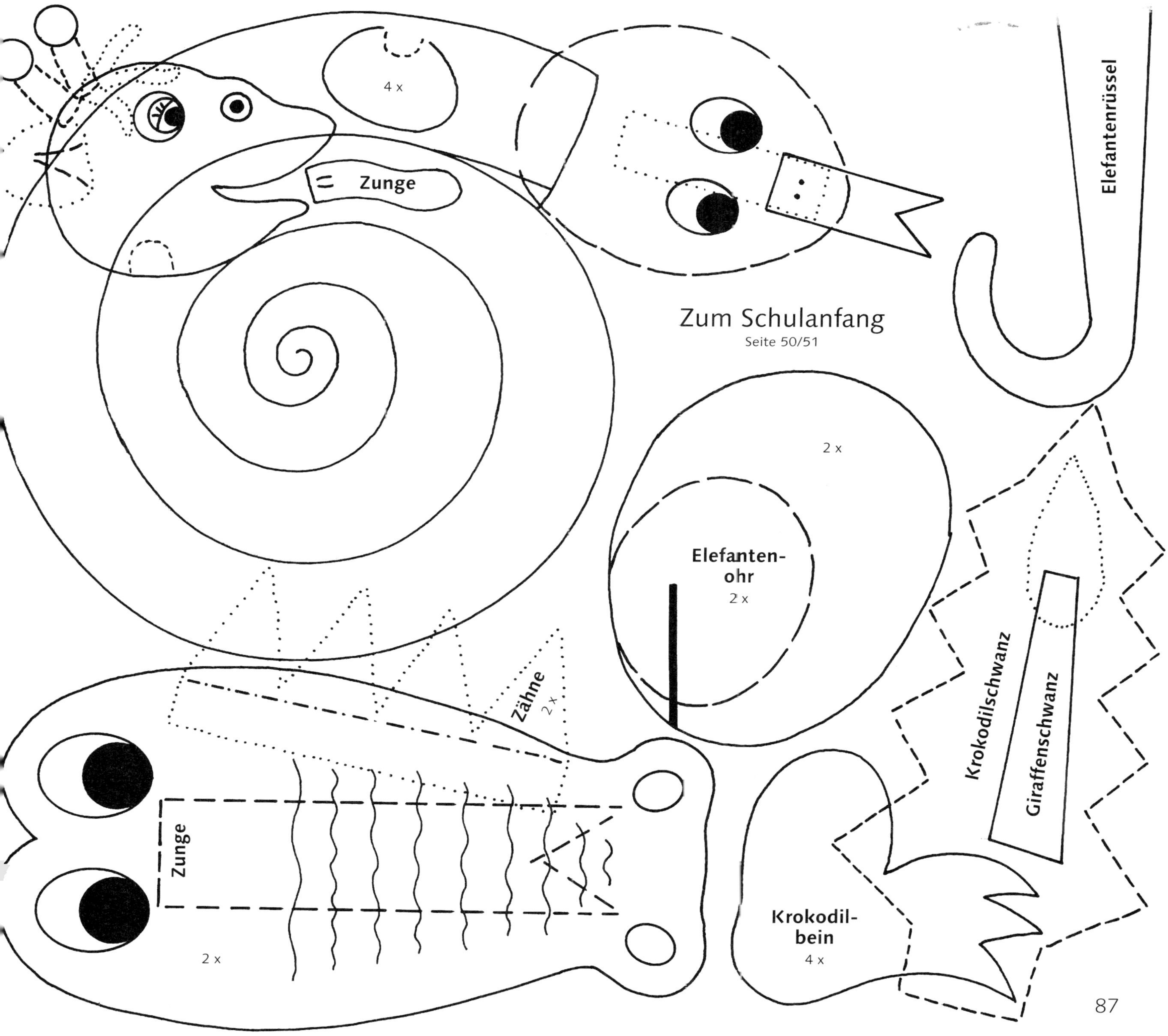

Faltkante
Murmel-
loch
für
Schweinchen
Seite 46
mit Faktor 130 %
vergrößern
Bauernhof-
Murmelspiel
Seite 47
Murmel-
loch
Mütze
Murmel-
loch
Faltkante
Snowboard
Ski
Wintersport
Seite 9
Schal

Lustige Herbstboten
Seite 55

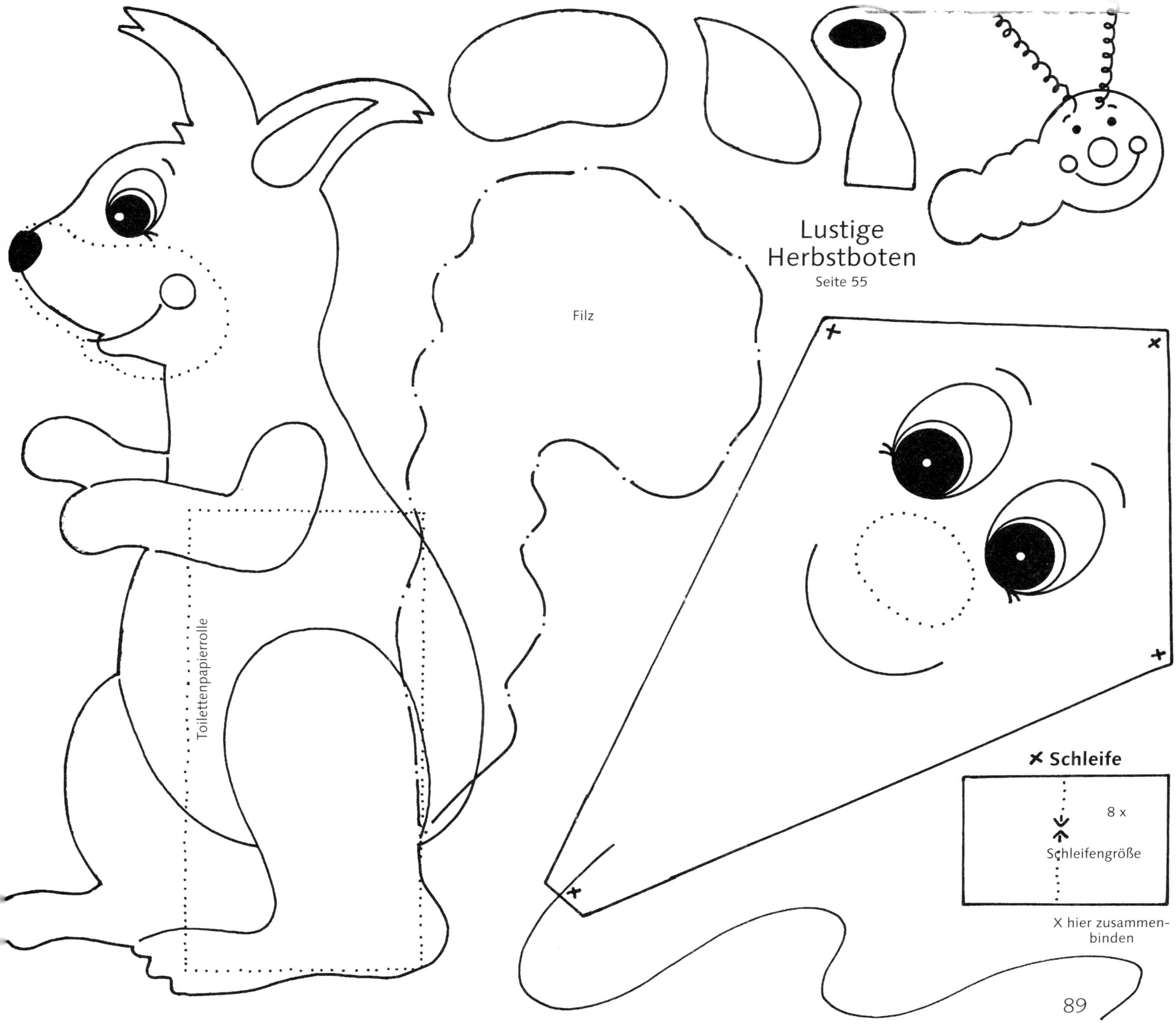

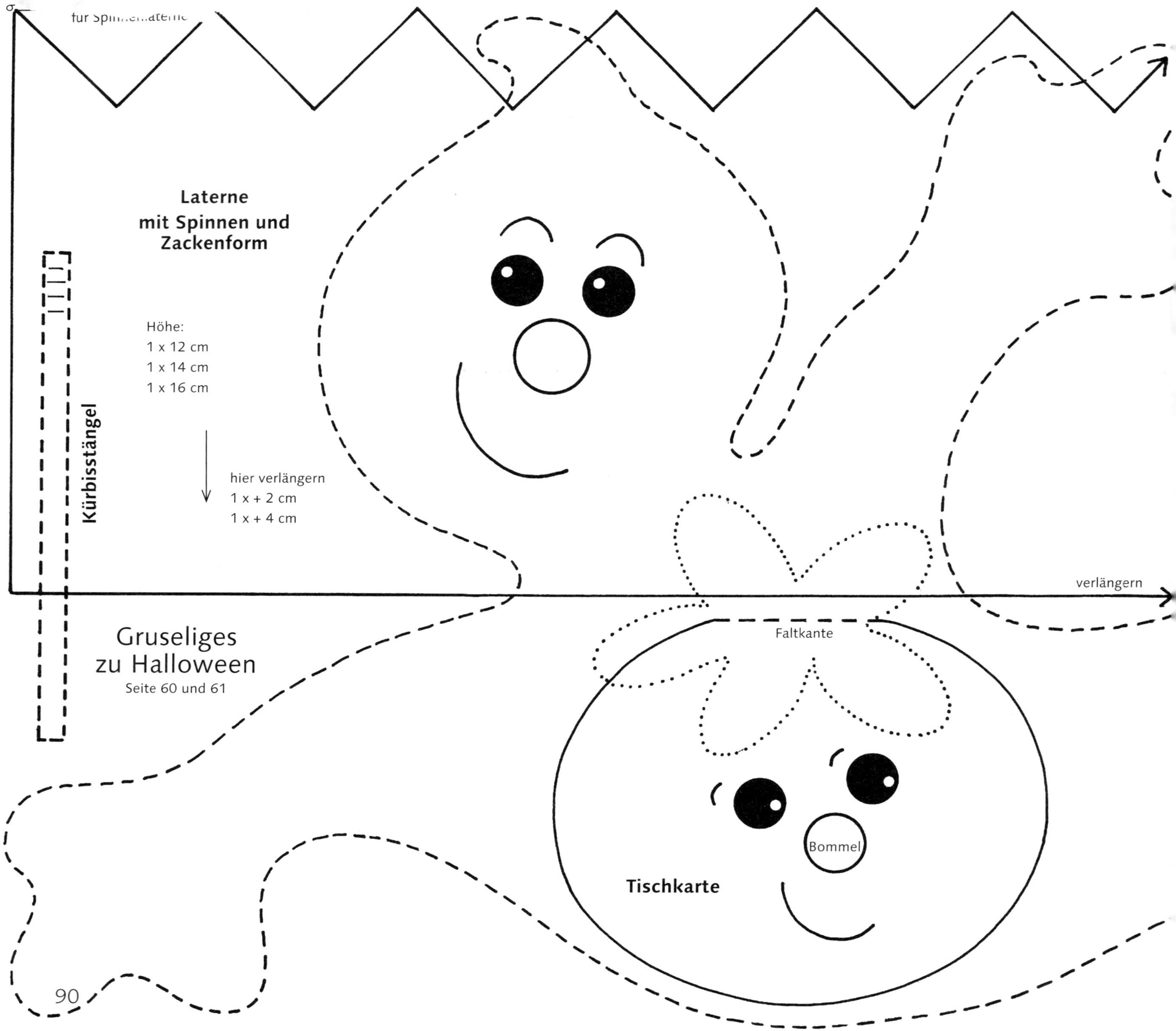
Laterne
mit Spinnen und
Zackenform
Höhe:
1 x 12 cm
1 x 14 cm
1 x 16 cm
hier verlängern
1 x + 2 cm
1 x + 4 cm
Kürbisstängel
verlängern
Faltkante
Gruseliges
zu Halloween
Seite 60 und 61
Bommel
Tischkarte

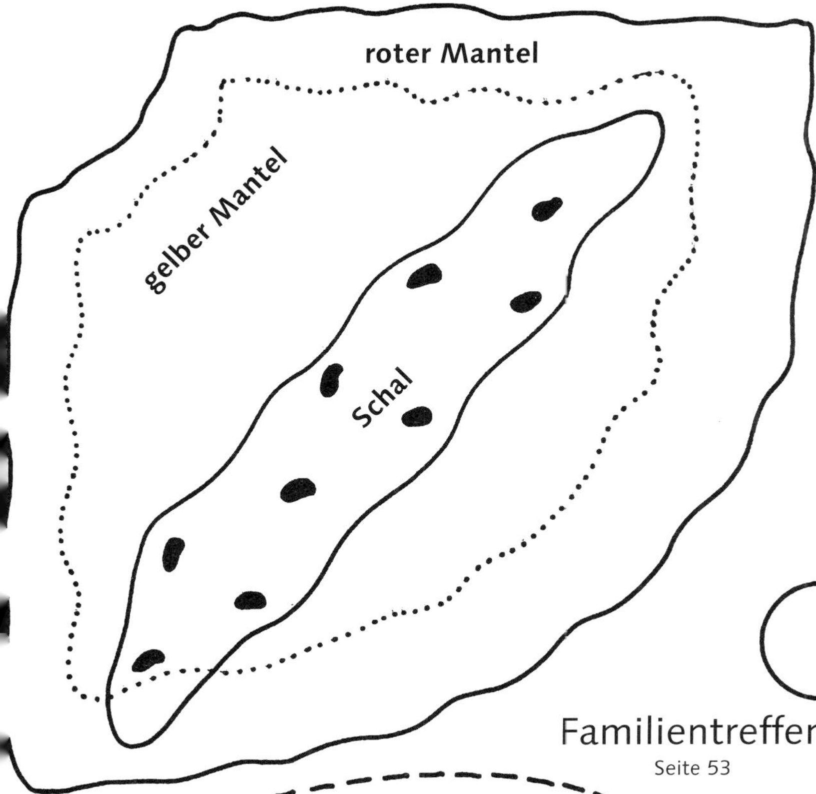

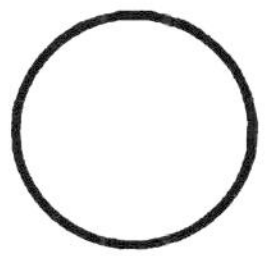

Familientreffen
Seite 53

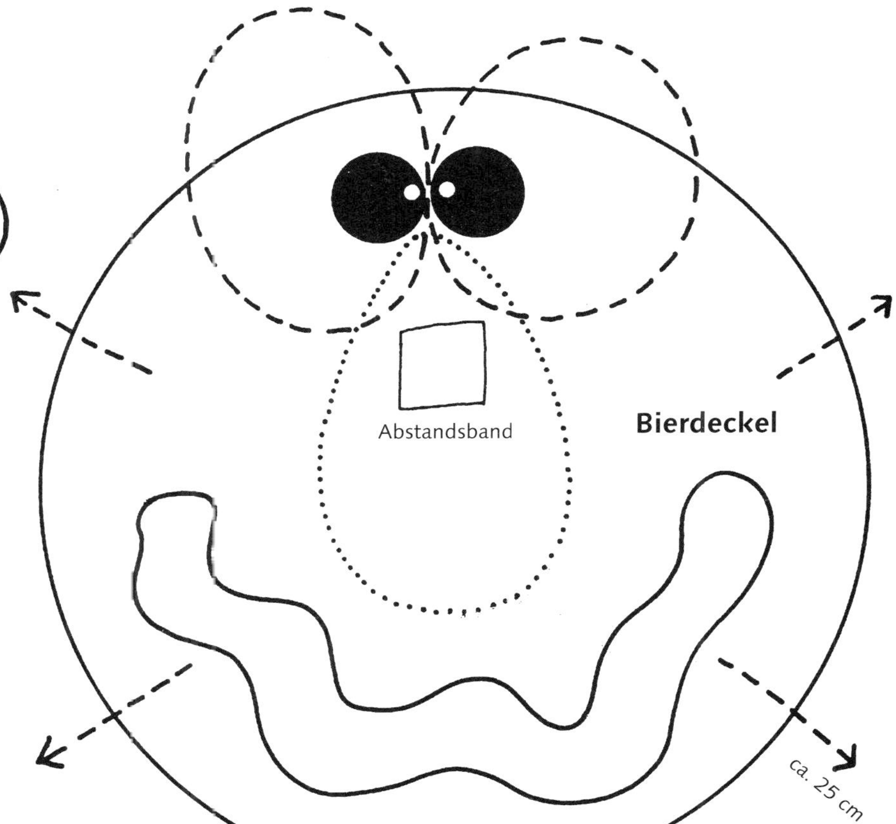

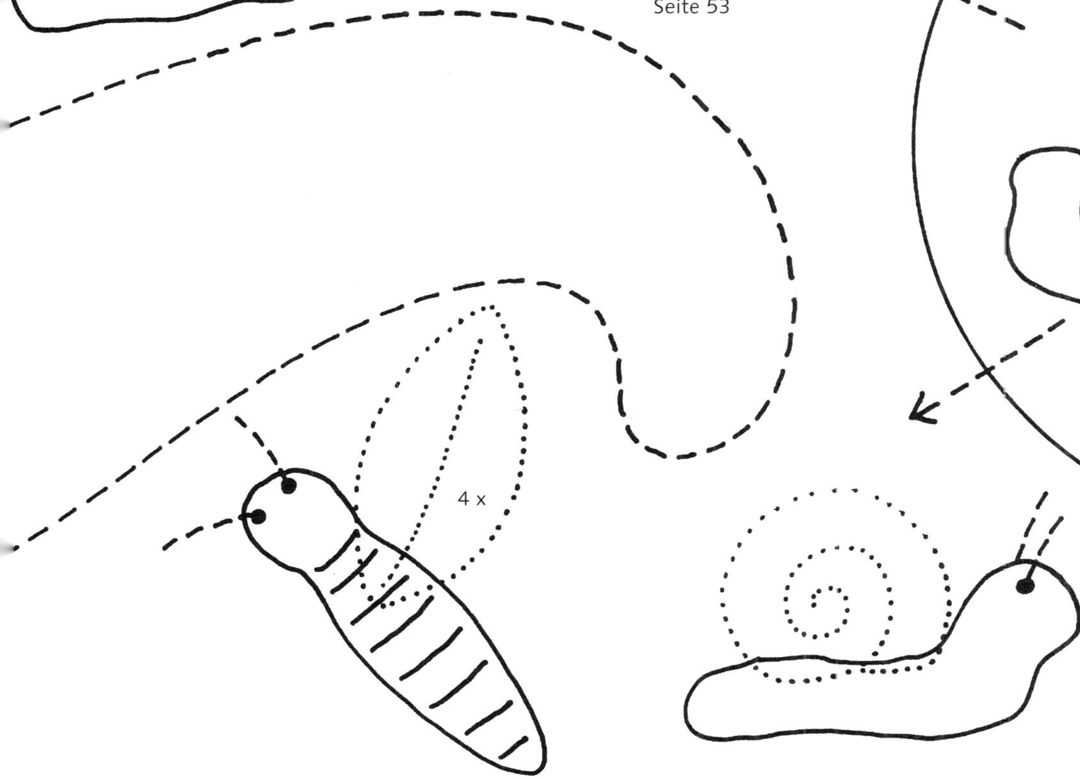

Schwungvolle Monter
Seite 58/59

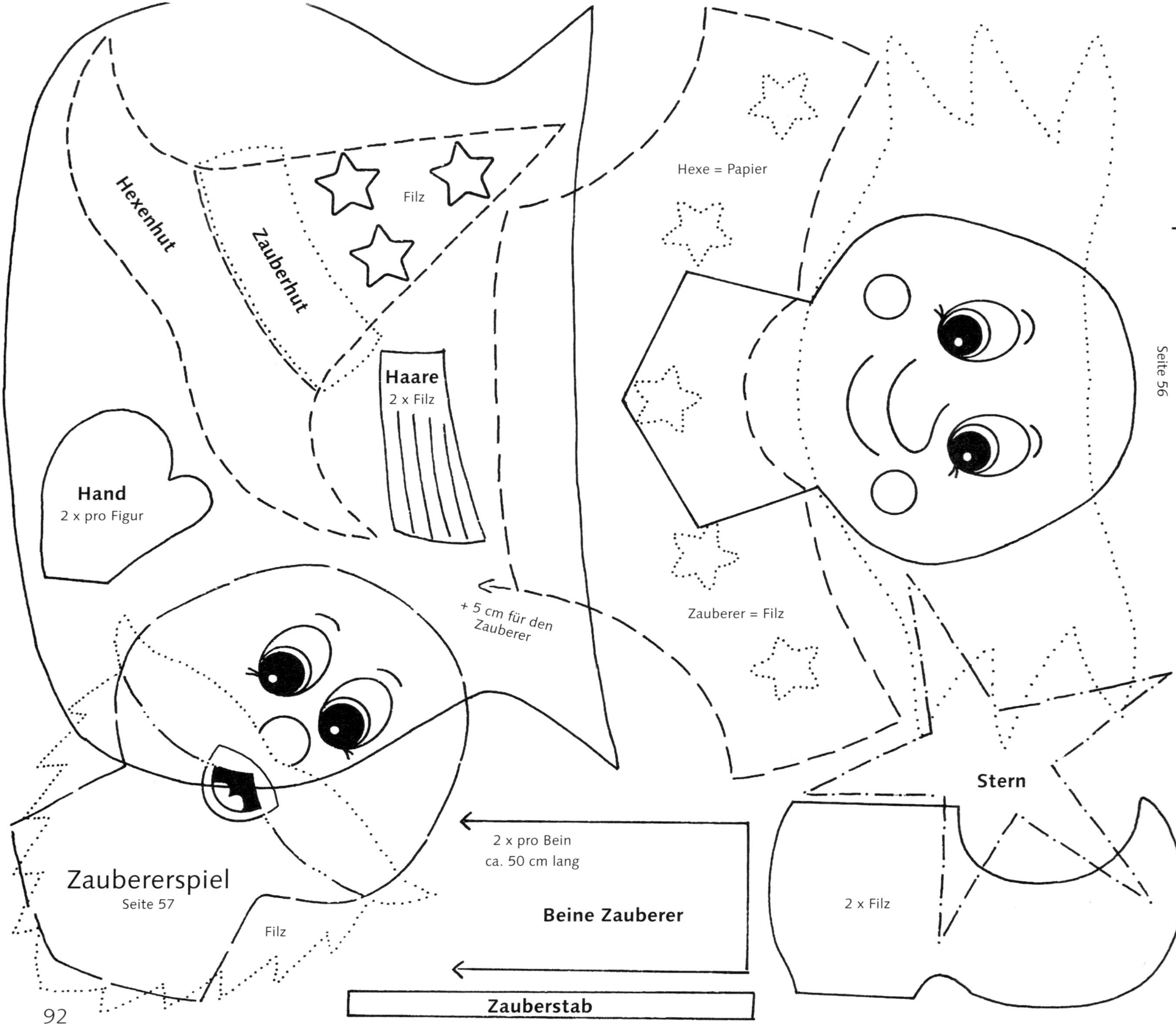
Hexenhut
Zauberhut
Filz
Hexe = Papier
Seite 56
Haare
2 x Filz
Hand
2 x pro Figur
+ 5 cm für den Zauberer
Zauberer = Filz
Stern
2 x pro Bein
ca. 50 cm lang
Beine Zauberer
2 x Filz
Zaubererspiel
Seite 57
Filz
Zauberstab

Nikolaus,
komm in
unser Haus
Seite 63

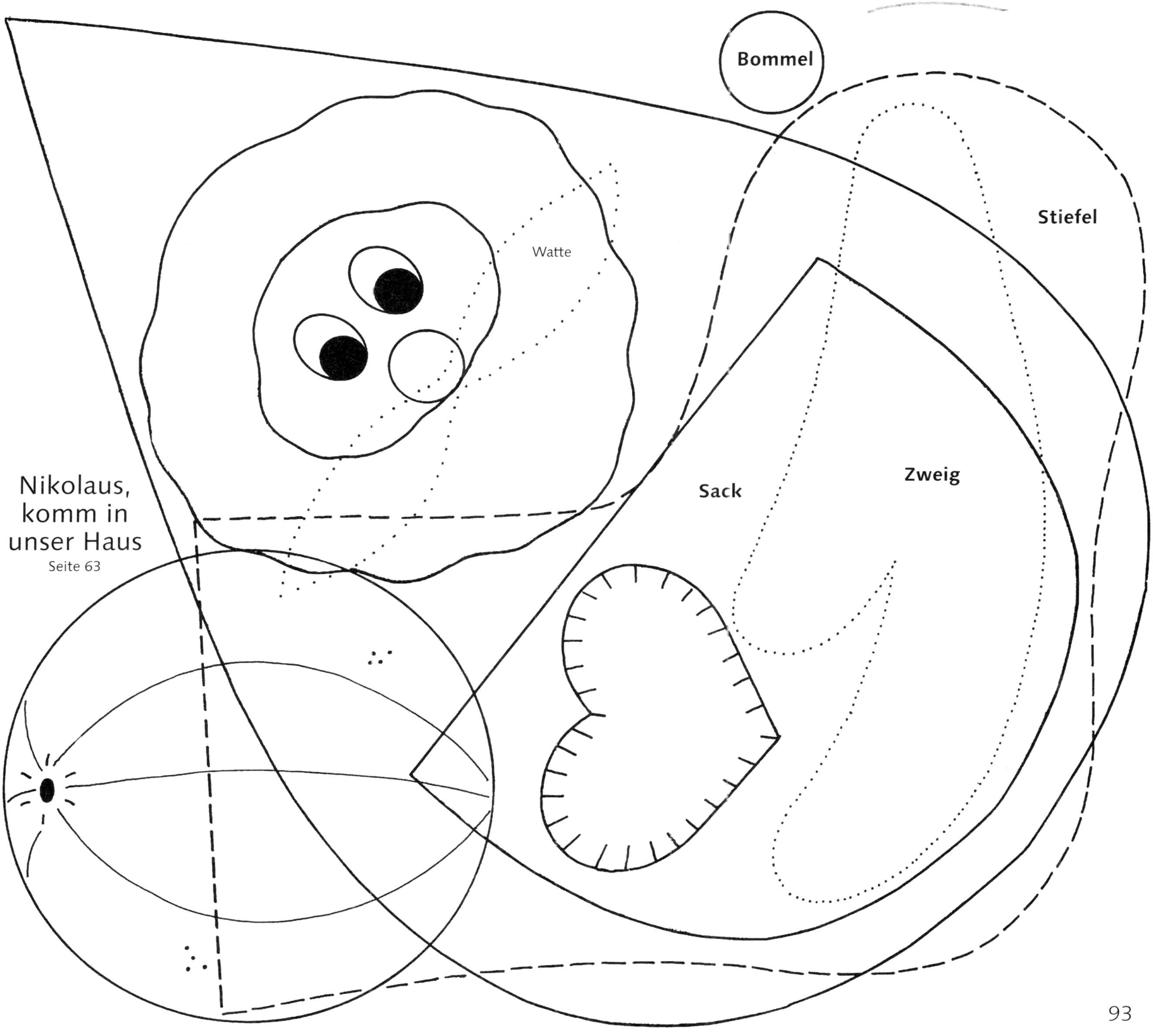

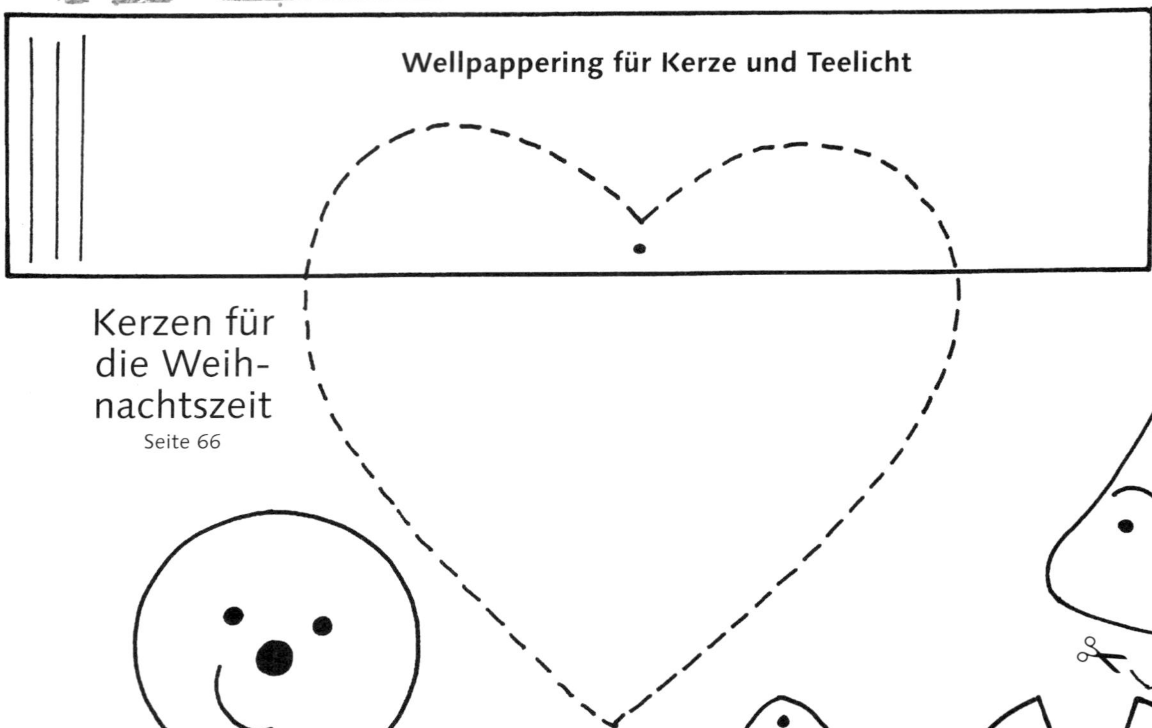

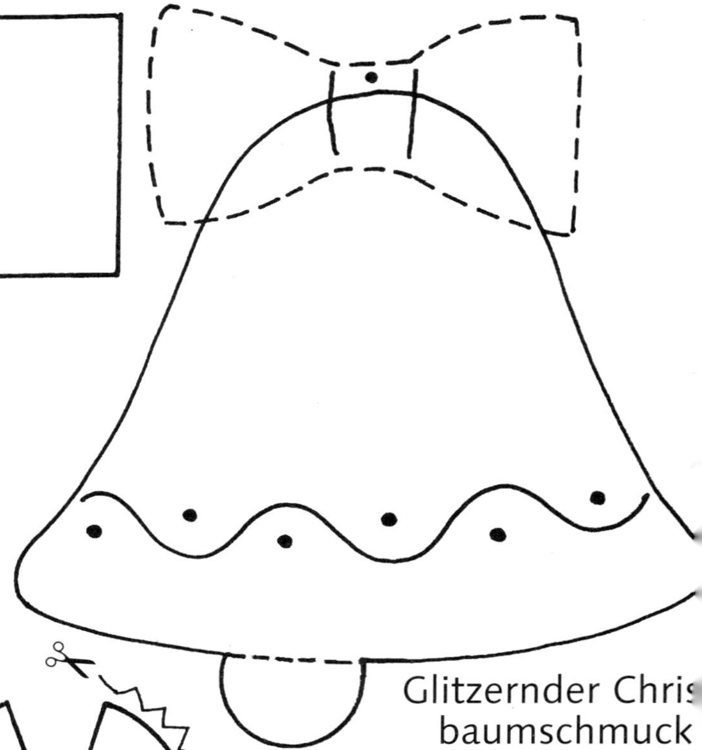

Kerzen für die Weihnachtszeit

Seite 66

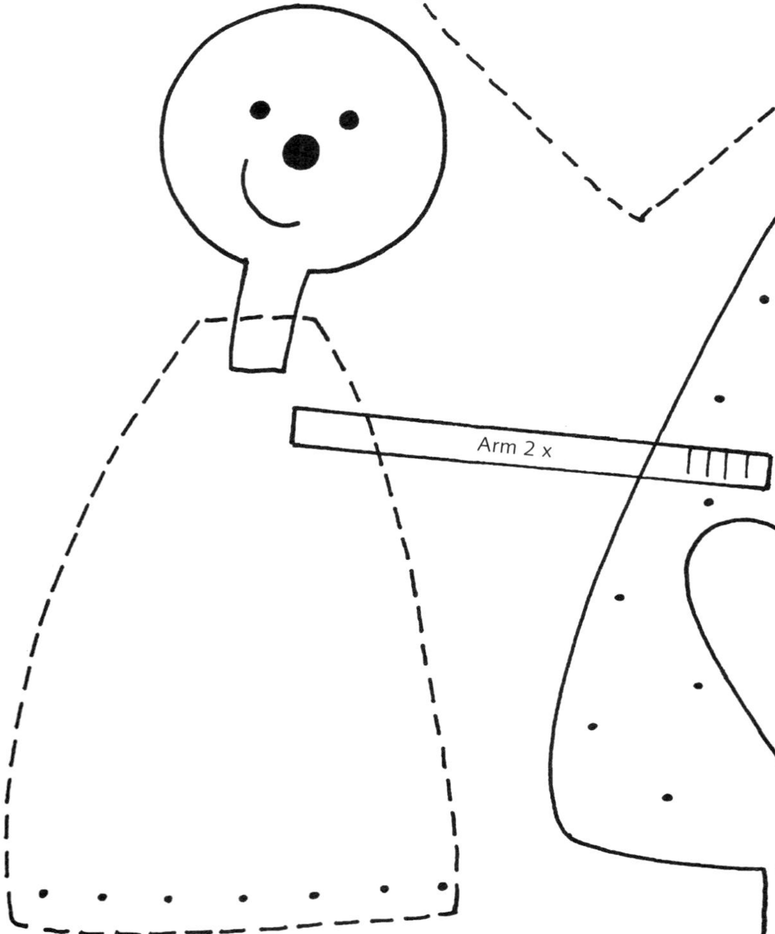

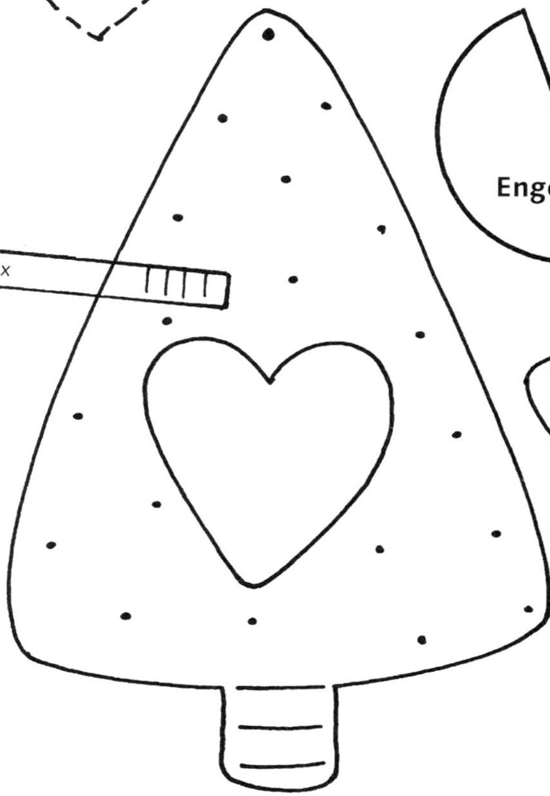

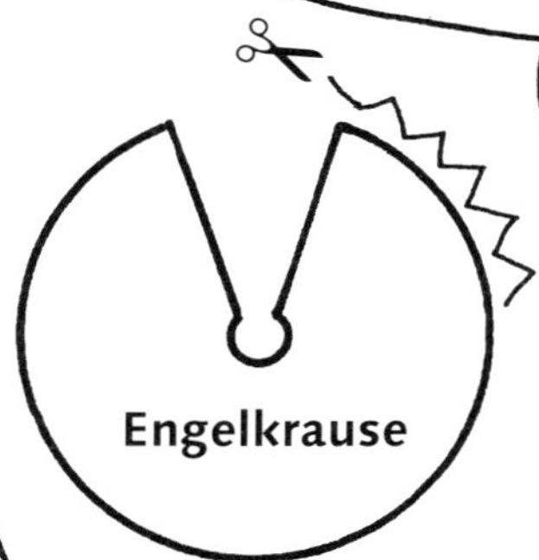

Glitzernder Chris
baumschmuck

Seite 66/67

und

Kerzen für die Weihnachtszeit

Seite 66

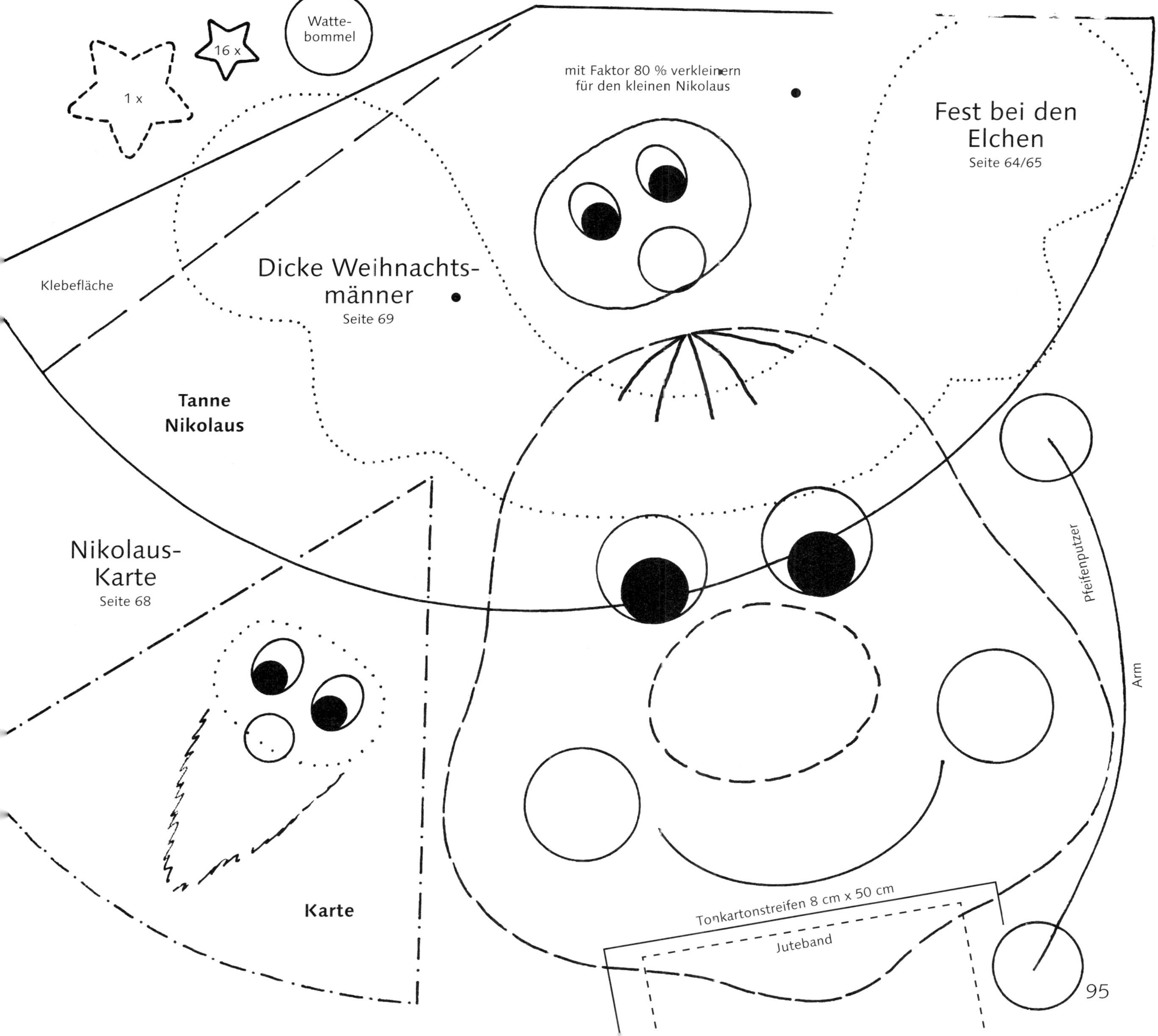

Watte-
bommel
16 x
1 x
mit Faktor 80 % verkleinern
für den kleinen Nikolaus
Fest bei den
Elchen
Seite 64/65
Klebefläche
Dicke Weihnachts-
männer
Seite 69
Tanne
Nikolaus
Nikolaus-
Karte
Seite 68
Karte
Pfeifenputzer
Arm
Tonkartonstreifen 8 cm x 50 cm
Juteband

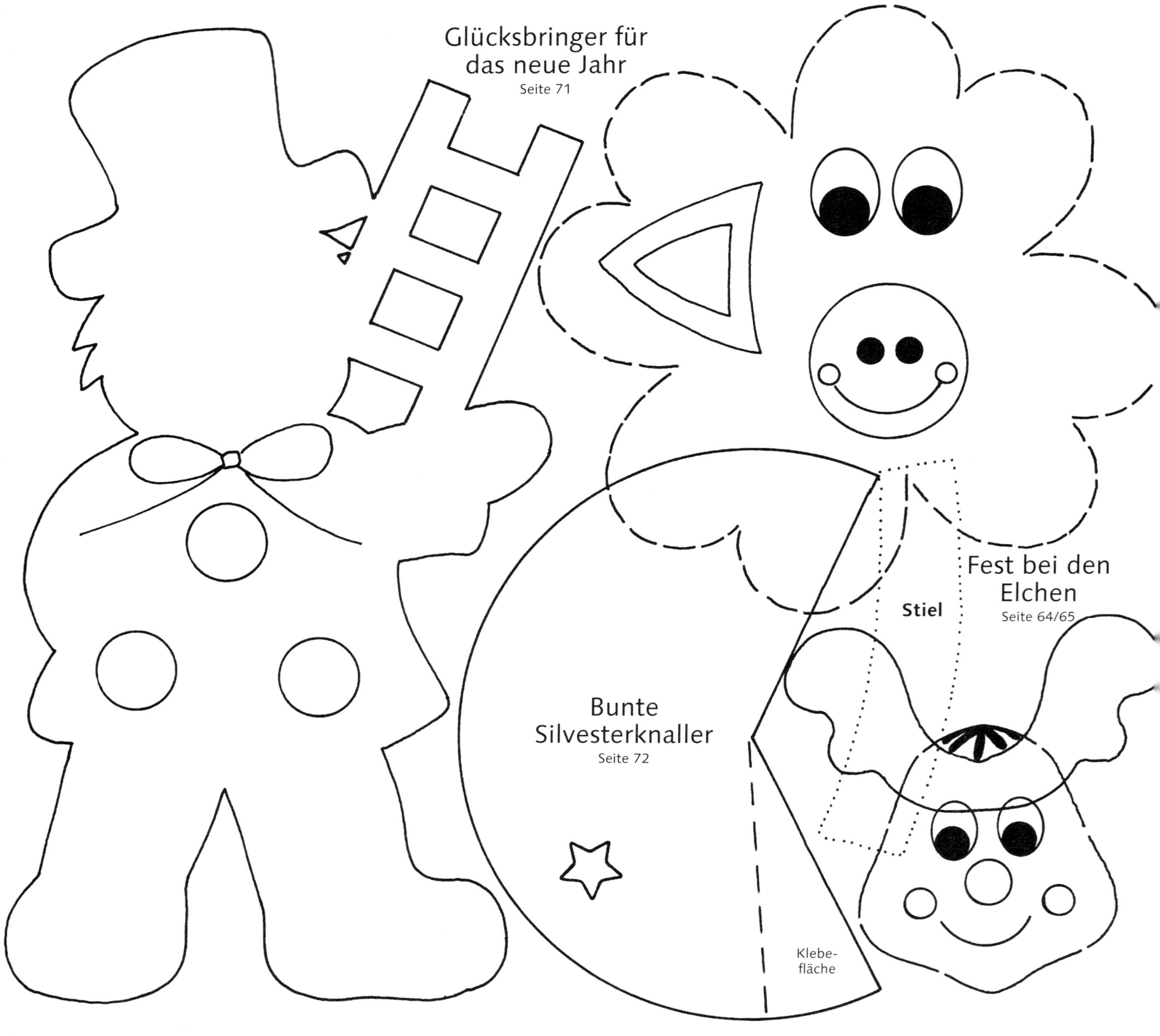

Glücksbringer für das neue Jahr
Seite 71
Fest bei den Elchen
Seite 64/65
Stiel
Bunte Silvesterknaller
Seite 72
Klebe-fläche